Manfred Feulner

Berchtesgadener Geschichte(n)
rund um den Schloßplatz

Druck und Verlag:
Berchtesgadener Anzeiger, Vonderthannsche
Buch-Offsetdruckerei und Verlag E. Melcher KG
83471 Berchtesgaden 2001

1. Auflage −2001
ISBN 3-925647-29-5

Inhalt

Alle Bilder ohne nähere Herkunftsbezeichnung stammen aus dem Archiv der Markt-gemeinde Berchtesgaden.

Vorwort

Die folgenden Ausführungen sind nicht als Beitrag zur „großen" Geschichte Berchtesgadens gedacht, sondern Beispiele aus dem täglichen „internen" Geschehen der Marktgemeinde. Das Leben eines solchen Gemeinwesens ist gekennzeichnet durch unentwegte Pläne und Unternehmungen der Einzelpersonen wie der Gemeindeverwaltung, und besonders die letztere muß sich nach jeder Legislaturperiode daran messen lassen, was sie vorwärtsgebracht hat. Jedes Jahrhundert arbeitete nach seinen eigenen Vorstellungen und Bedürfnissen an der Weiterentwicklung, so daß das Gesicht Berchtesgadens einer ständigen Veränderung unterworfen war - einmal langsamer, einmal schneller. Besonders das 19. und 20. Jahrhundert zeichneten sich durch weitreichende Umgestaltungen aus, der „neuen Zeit" mußte Tribut gezollt werden. Selbst alte Berchtesgadener können sich mitunter nicht mehr an die früheren Zustände und Verhältnisse erinnern. Es liegt in der Natur des menschlichen Gedächtnisses, daß hinter dem fortgesetzten Anblick des Neuen das Bild des Alten, Gewesenen, allmählich verblaßt und endlich ganz verschwindet.

Manche Vorgänge und Ereignisse fanden ihren Niederschlag in Aktenbündeln und sind im Archiv der Marktgemeinde erhalten geblieben. Vieles daraus wurde in der Vergangenheit bereits für die Heimatforschung genutzt, und auch die vorliegende Schrift geht im wesentlichen auf das Archivgut zurück. Die folgenden Aufsätze mögen dazu beitragen, daß der Leser unseren Heimatort mit anderen Augen betrachtet. Aus „Geschichten" wird letzten Endes eine „Geschichte". So sind die nachfolgenden Geschichten ein Beitrag zur 900 jährigen Geschichte Berchtesgadens.

Vom Sinn der Geschichte

Zum 900 jährigen Jubiläum der Gründung Berchtesgadens

Immer wieder wird von uns Menschen die Frage nach dem Sinn des Lebens gestellt. Manch einer sieht den Sinn des Lebens im Erwerb materieller Güter, von Macht und Ansehen, in Arbeit und Beruf, vielleicht auch im Jagen nach Vergnügen und Lust, oder aber im Dienst an der Familie und menschlichen Gemeinschaft, in sozialer Hingabe für die Armen und Kranken. Die Antwort suchen wir in uns selbst und erwarten dabei Hilfe und Rat von Religion und Philosophie. Papst Johannes Paul II. formulierte im heiligen Jahr 2000 seinen Glauben und damit seine Antwort auf die Lebensfrage des Menschen mit den Worten: „Der Sinn unseres Lebens ist Jesus", d.h. der Sinn unseres Lebens liegt in der Nachfolge Christi.

Über die Frage nach dem Sinn unseres eigenen Lebens hinaus geht die Frage nach der Sinndeutung des geschichtlichen Geschehens. Verläuft die Geschichte willkürlich oder nach Plan? Können wir von dem Vorhandensein und der Erkennbarkeit von Vernunft im Ablauf des Geschehens ausgehen? Viele Antworten sind im Verlauf der Zeiten von der Philosophie versucht und gegeben worden. Die bedeutendsten Philosophen, aber auch viele andere Denker, haben sich seit der Antike diesem für uns so grundlegenden Problem gestellt und die verschiedensten Schlüsse aus dem bisherigen, überschaubaren Weltgeschehen gezogen. Neben völlig indifferenten Vorstellungen gibt es Pessimisten, die eine solche Frage verneinen, aber auch Aussagen voll positiven Fortschrittsglaubens. Haben sich viele Denker grundsätzlich dieser Frage gewidmet, so war dies vermehrt in Zeiten schwerer Krisen der Fall, und die Deutung solch krisenhaften Geschehens führte entweder zu der Annahme des Sieges der bedrohlichen Entwicklungen oder zum festen Glauben an einen neuen, positiven Anfang. Dabei ist zu unterscheiden, ob die zukünftige Entwicklung der Geschichte in naturnotwendigen Bahnen verläuft oder sittlich gewünscht und erreicht wird.

Während die Antike sich weitgehend in mythischen Vorstellungen erging, finden sich doch auch recht reale Aussagen. So gibt es bei den Sophisten erste Vertreter des Fortschrittsdenkens, d.h. durch Arbeit und Besiegung der Natur ergibt sich eine fortschreitende kulturelle Entwicklung. Auch die Stoiker schliessen sich dieser Vorstellung eines kulturellen Aufstiegs an, beruhend auf den technischen Erfindungen (damals Webstuhl, Pflug, Behandlung und Verarbeitung des Erzes).

Die Sinndeutung der Geschichte im Mittelalter ruht vor allem auf Augustinus, dem Begründer der christlichen Geschichtsphilosophie: Christus führt den Gottesstaat (Civitas Dei) zum Sieg und die Menschheit zum allgemeinen Frieden. Wenngleich das Zeitalter der Aufklärung im großen und ganzen vom Fortschrittsglauben erfüllt ist, trifft das doch bei Rousseau nicht zu. Der berühmte Satz „Zurück zur Natur" ist zwar nicht nachweisbar, aber Rousseau ist doch hinsichtlich der Zukunft der Menschheitsentwicklung pessimistisch. Sein großer Erziehungsroman „Emile" beginnt mit den Worten: „Alles ist gut, wie es aus den Händen Gottes hervorgeht; alles entartet unter den Händen des Menschen."

Viele deutsche Philosophen haben zu der Frage nach dem Sinn der Geschichte und damit der Zukunft des Menschengeschlechts Stellung bezogen. Herder sah das Ziel der Weltgeschichte in der Erreichung der Humanität, der vollendeten Menschlichkeit. Nach Hegel offenbart sich in der Geschichte die Weltvernunft, nach Fichte liegt dem Geschehen ein „Weltplan, der in seiner Einheit sich begreifen läßt", zu Grunde. Marx erkennt in den wirschaftlichen Verhältnissen die eigentliche Triebkraft der Geschichte. Dieser „Materialismus" glaubt in einer naturgesetzlichen Dialektik von These, Antithese, Synthese an eine positive Entwicklung. Durch Darwins Entdeckungen wurden die biologischen Gesetze auf die Menschheitsgeschichte übertragen. Diese Ideen machte sich Oswald Spengler zu eigen und führte in seinem Werk „Der Untergang des Abendlandes" aus, daß die Menschheit dem pflanzenhaften „Wachstum, Blühen und Vergehen" unterworfen sei.

Wenden wir uns nach diesen allgemeinen Darlegungen, die nur ein knappes und lückenhaftes Einführen in unser Problem sein konnten, unserer Berchtesgadener Geschichte zu. Vor 900 Jahren begann diese schriftlich nachweisbare Geschichte, und in diesem langen Zeitraum gestalteten sie die Menschen in diesem Ländchen. Und doch sind diese 900 Jahre im Vergleich zur Geschichte Reichenhalls, Salzburgs oder auch Dürrnbergs nur eine verhältnismäßig kurze Zeitspanne. Aber Berchtesgaden ist etwas gelungen, das es aus dem üblichen Rahmen auch größerer Orte heraushebt: Es hat sich aus kleinsten Anfängen aufgeschwungen zu einem selbständigen deutschen Fürstentum. Und noch eins: Wir haben damit ein Staatswesen vor uns, dessen ganzen Lebenslauf wir verfolgen können. Die geschichtliche Entwicklung der Fürstpropstei Berchtesgaden kann uns vielleicht Rede und Antwort geben auf die Frage, ob diese Geschichte nur ein willkürliches Zusammentreffen verschiedener Faktoren ist, oder ob sich jeweils gewisse Leitlinien, gewissermaßen übergeordnete Größen eines „Planes" finden lassen, kurz, ob der Geschichte Berchtesgadens ein tieferer Sinn innewohnt.

Die Gründungsgeschichte (Fundatio monasterii Berchtesgadensis) aus der ersten Hälfte des 12. Jahrhunderts spricht von einer „ungeheurenWildnis, die kurz vorher ein Aufenthaltsort der wilden Tiere und eine Behausung der Drachen gewesen ist." Wenn auch, wie damals üblich, Übertreibungen in solchen Texten stattfanden - mit der Wildnis wird der Text doch recht gehabt haben. So war es die erste und Hauptaufgabe sowohl der Mönche als auch der Siedler, das Hochgebirgsland bewohnbar und lebenswert zu machen. Dies war im Verlauf der Jahrhunderte in bewundernswerter Weise gelungen. Allerdings verlief die Geschichte nicht geradlinig, es gab Höhen und Tiefen, Blütezeiten und wiederholten Niedergang. Aber immer wieder sammelten die Menschen ihre Kräfte und erhoben sich zu neuem Aufstieg. Als 1803 das letzte Stündlein des Berchtesgadener Staates geschlagen hatte, konnte ein Chorherr den stolzen Satz sprechen: „Wir haben einst einen Urwald übernommen und nun ein Paradies zurückgegeben."

Das Interesse, das diesem Land jährlich von Hunderttausenden entgegengebracht wird, zeigt, daß dieGeschichte dieses Landes auch nach den großen Kriegen des 20. Jahrhunderts nicht zu Ende ist, sondern daß seine innere Kraft nie größer war als in diesen Tagen. Hatten die Bewohner früherer Jahrhunderte den geschichtlichen Auftrag zu erfüllen, die wilde Natur zu bändigen und in ein Land umzuwandeln, das den Stempel menschlicher Kultur trägt, so erkennen die Menschen unserer Zeit ihre Aufgabe darin, dieses Land zu erhalten und zu gestalten im Dienste einer Menschheit, die dringend neuer Kraft bedarf. Diese Erkenntnis aber läßt uns den Bogen schlagen zu den Anfängen dieses Landes vor 900 Jahren und in der Fortführung und Erfüllung der gestellten Aufgaben den Sinn menschlicher Geschichte erahnen.

Der Schloßplatz
Vom Klosterhof zum Schloßplatz

Den Schloßplatz als „Herz Berchtesgadens" zu bezeichnen, ist sicher nicht falsch. Von ihm gingen im Laufe der Jahrhunderte die Impulse aus zur Kultivierung des Landes, von hier aus wurde dieses Gebirgsland regiert, wie in einem Brennglas bündelten sich hier aber auch historische Ereignisse des engeren und weiteren Umfeldes. Einzigartig schön ist die ehrwürdige Architektur dieses Schloßhofkomplexes, großartig die Geschlossenheit dieses Platzes. Jeder Gebäudeteil des Raumensembles erzählt von der nunmehr 900 jährigen Geschichte dieses Ortes.

Der heutige Schloßplatz war jahrhundertelang ein „Klosterhof". Auf der Terrasse zu Füßen des Locksteins wurden zu Beginn des 12. Jahrhunderts die Keimzelle des Klosters und die erste, 1122 geweihte Kirche errichtet. Im Laufe der Zeit erhielten Kloster und Stiftskirche durch An- und Umbauten ihre heutige Form. Der freie Platz vor Kloster- und Kirchenfront wurde mehr und mehr umbaut, so daß ein geschlossener, wenn auch sehr unregelmäßiger Hof, der „Klosterhof" entstand. Er wurde durch mehrere Tore und Türme gesichert und war nun ein richtiger „Burghof", zumindest,

Blick auf Berchtesgaden

11

seit Getreidekasten und Kassierhaus in der Mitte des 15. Jahrhunderts den Hof abschlossen. Aus dem Kloster bzw. dem Stift, mit seinem Herzstück, dem aus dem 12. Jahrhundert stammenden Kreuzgang, wurde die Residenz des Fürstpropstes.

Der „Residenzhof", zu welchem er sich nun gemausert hatte, war natürlich der Schauplatz eines oft lebhaften Treibens. Unter den Arkaden, die 1541-67 dem Getreidekasten vorgebaut worden waren, fanden die Jahrmärkte zu St.Veit, Peter und Paul und St.Andreas statt. Heuwaage, Fischkalter und Pferdeschwemme vervollständigten das profane Bild und Treiben. Hinter den Arkaden, in den Gewölben, waren die Pferdeställe untergebracht. denn zu einem richtigen Reichsfürsten gehörte ein anständiger Marstall. Durch den Hof floß ein Bächlein, der „Klosterbach", ein vom Kloster angelegter, vom Aschauer Weiher abfließender Wassergraben. Er speiste auch einen Brunnen, der sich etwa in der Mitte des Hofes befand, und außerdem betrieb er eine Mühle, die ihren Platz zwischen Kanzleibau und Klostergebäude hatte und zum Schloßgraben entwässerte.

Manche turbulenten Ereignisse gäbe es zu vermelden - nur ein paar seien angeführt. 1382 rückte der Bayernherzog Friedrich, vom Propst Ulrich gegen eine salzburgische Besatzung zu Hilfe gerufen, in das Stiftsland ein. Der „Helfer" vertrieb zwar die Salzburger, gab aber das Land und Kloster zur Plünderung frei. Ein Zeitgenosse aus dem Kloster Mattsee schrieb damals: „Im Jahre 1382 den 26. April bey hellem Tage ward Berchtesgaden plötzlich überfallen, geplündert, das Gotteshaus gestürmt und all dessen Geräte und Kostbarkeiten geraubt. Die Gebeine der Heiligen entführte der gottlose Haufe mit allen Büchern und Gefäßen, und an den Altären des Münsters pflegten die Ketzer ihre Gäule..."

1525, in der Zeit der Bauernkriege, wurde das Schloß erneut geplündert. Von Hallein her war eine Schar aufständischer Bauern, die an sich Salzburg als Ziel hatten, abgezweigt und ins Berchtesgadener Land eingefallen. Im sog. Graf Wicka Weiher unterhalb des Priestersteins machten die Aufständischen einen besonderen Fund: sie fanden in dem Weiher, in dem sie die fetten Fische fangen wollten, einige Fässer mit Gold und anderen Kostbarkeiten. Diese Schätze waren dort zur Sicherheit versenkt und versteckt worden.

1596 gellte der Schreckensschrei „Feuer, Feuer" durch Berchtesgaden: ein Blitz hatte den Südturm der Stiftskirche getroffen, und die nachfolgende Feuersbrunst zerstörte diesen Turm sowie Schlaf- und Speisesaal des Stiftsgebäudes. - Als im Dezember 1713 im Stift Feuer ausbrach, konnte dieses zwar gelöscht werden, bevor es größeren Schaden anrichtete, aber der Stiftsdekan Heinrich von Pießer überlebte das Unglück nicht, er starb vor Schrecken.

Aber auch freudige Ereignisse brachten Leben und Abwechslung in den vielfach gleichförmigen Alltag. Es waren Besuche hochmögender Herren mit ihrem Gefolge, die aufgeregte Geschäftigkeit mit sich brachten: 1621 weilte der berühmte Feldherr des 30-jährigen Krieges, Graf Tserclas von Tilly, im Schloß, 1661 und 1671 kehrte Maximilian Heinrich, wittelsbachischer Kurfürst von Köln und zugleich Propst von Berchtesgaden, in seinem Berchtesgadener Schloß ein, und während der Regierungszeit des letzten Fürstpropstes Josef Konrad von Schroffenberg hielt sich mehrmals der bayerische Herzog Karl Theodor im Schloß auf. Besonders unter diesem letzten Propst vor der Säkularisation war das Schloß zum Treffpunkt vieler Adeliger des bayerischen und salzburgischen Umlandes geworden, gab es doch vielfache verwandtschaftliche Beziehungen nach allen Seiten hin.

Eine turbulente Zeit begann mit der Säkularisation: Bevor Berchtesgaden 1810 zum Königreich Bayern kam, wurde es mit dem Kurfürstentum Salzburg und anschließend mit dem Kaiserreich Österreich vereinigt, und selbst in den Besitz Frankreichs kam es noch. Die Folge war, daß nun salzburgische, österreichische und französische Soldaten auf dem Residenzplatz exerzierten, das Schloß nicht nur Truppenkaserne, sondern zeitweise auch Gefangenenunterkunft war. Erst als Bayerns König Maximilian I. das alte Klosterschloß zu seinem Sommersitz wählte, kamen Schloß und Platz zu neuen Ehren. Von diesem Zeitpunkt an führte der Platz den Namen „Schloßplatz".

Der Schloßplatz im 20. Jahrhundert

Die ersten 30 Jahre des 20. Jahrhunderts stand Berchtesgaden ganz im Zeichen des wittelsbachischen Königshauses. Die Zeit vor Ausbruch des ersten Weltkriegs gehörte noch in die Regentenzeit des Prinzregenten Luitpold. Sie war in Bayern und besonders in Berchtesgaden nicht gekennzeichnet durch Großmannssucht Berliner kaiserlicher Art, sondern geprägt durch Luitpolds hochherziges, einfaches Wesen und seine echte, schlichte Größe. Es war die - uns heute vielleicht etwas rückständig erscheinende - „Prinzregentenzeit", deren schönstes Charakteristikum der Frieden war.

Schloßplatz um 1909, für den Besuch von Prinzregent Luitpold geschmückt

Während sein Vorgänger König Ludwig II. nur in jungen Jahren in Berchtesgaden weilte, dessen Vorläufer König Max II. viel in der neuerbauten königlichen Villa am Ortsanfang Berchtesgadens wohnte, hatte Prinzregent Luitpold für seine überaus zahlreichen Berchtesgaden-Aufenthalte wieder das alte Propsteischloß als Quartier gewählt. Luitpold war besonders eng mit Berchtesgaden verbunden, und so wurden auch Schloß und Platz zu seinem Empfang besonders schön geschmückt und herausgeputzt. König Ludwig III., Luitpolds ebenso volksnaher Sohn, residierte ebenfalls im Berchtesgade-

König Ludwig III. begrüßt vor dem Schloß die Honoratioren Berchtesgadens

Demobilmachung 1918: Auf dem Schloßplatz werden Militärfahrzeuge von der italienischen Front abgestellt

ner Schloß. Wie sein Vater war er ein begeisterter Jäger und besuchte daher oft die Jagd-
reviere in den Bergen um den Königs- und Hintersee. Er war nicht vom Glück begün-
stigt, denn fast seine gesamte Regierungszeit fiel in die Zeit des ersten Weltkriegs. Aber
auch in diesen Jahren war der Schloßplatz vielfach Mittelpunkt lokaler politischer und
gesellschaftlicher Ereignisse, wie der Begrüßung des Monarchen durch die örtlichen
Honoratioren. Am Ende des schrecklichen Krieges war der Schloßplatz der Aufstel-
lungsort der Militärautos, die nun abgerüstet werden mußten. Hunderte von Berch-
tesgadenern waren gefallen - nun war der Schloßplatz Symbol des verlorenen Krieges.

War auch 1918 das Ende der bayerischen Monarchie, die Wittelsbacher blieben doch
mit Berchtesgaden eng verbunden. Das Schloß war in dem Auseinandersetzungsver-
trag zwischen dem Staat und dem Hause Wittelsbach diesem zugefallen. Kronprinz
Rupprecht richtete den alten Bau wohnlich und überdies in ein Museum mit erlesenen
Exponaten ein. Rupprecht bewohnte mit seiner Familie das Schloß bis 1933. Viele
Feiern und Feste fanden in dieser Zeit statt, die alle irgendwie auch den Schloßplatz
mit einbezogen: so etwa die Taufe von Rupprechts Tochter Irmgard 1923, bei der auch
der spätere Papst Erzbischof Pacelli anwesend war. Während sich eine erlauchte Tauf-
gesellschaft in der Stiftskirche versammelte, wartete auf dem Schloßplatz eine große

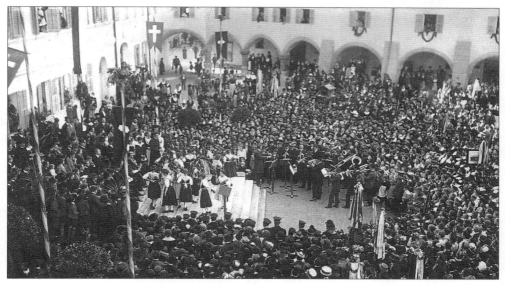

Schloßplatz 1922: 800 Jahrfeier der Stiftskirche

50jähriges Jubiläum des Berchtesgadener Veteranen- und Kriegervereins, Kronprinz Rupprecht bei Abnahme der Parade. Im Vordergrund der hochdekorierte Albrecht Sommer (Bayerische Tapferkeitsmedaille u.a.), 1925

Menschenmenge, die immer wieder Hochrufe auf SKH Kronprinz Rupprecht ausbrachte. Feierliche Ereignisse waren auch der 60. Geburtstag Rupprechts 1929, die Hochzeit seines Sohnes und Erbprinzen Albrecht mit der Gräfin Maria Draskovich und schließlich die Hochzeit seiner jüngsten Tochter Gabriela 1955. Aufmarsch der Vereine, Konzerte der Marktkapelle wie der Liedertafel, Aufstellung der Honoratioren, das und vieles mehr gehörte immer zum Festprogramm. Der Feldmarschall des Weltkriegs nahm bei vielen Gelegenheiten den Vorbeimarsch der Veteranen ab, er war auch Hauptinitiator der 1929 entstandenen Fresken des Kriegerdenkmals an der Arkadenfront. Zu seinem Andenken und zur Feier der 150 jährigen Zugehörigkeit Berchtesgadens wurde 1960 der „Kronprinz Rupprecht - Brunnen" errichtet.

Natürlich ließen es sich die Nationalsozialisten nicht nehmen, den Schloßplatz für ihre Aufmärsche zu nutzen. Sie hatten zwar Kronprinz Rupprecht und seine Familie aus dem Schloß vertrieben, ja sogar das Schloß beschlagnahmt, wollten aber doch auf diese Stätte monarchischer Tradition für die Zurschaustellung ihrer Macht nicht verzichten. Mit Hakenkreuzfahnen „geschmückt" erhielt dieser Platz einen ganz neuen Charakter. 1945 war die Zeit des „Tausendjährigen Reiches" vorbei. Aber noch ist die Geschichte, die der Schloßplatz zu erzählen weiß, nicht zu Ende. Eines der schönsten Bauensembles der deutschen Alpen, ein Platz mit einer 900 jährigen Vergangenheit, sollte noch einen besonderen Tag erleben. Als am 25. April 1945 Hitlers Obersalzberg unter den Bomben der alliierten Bomberstaffeln in Trümmer sank, war damit auch das letzte Kapitel der Berchtesgadener Nazizeit angebrochen. Bisher war der Markt ungeschoren davongekommen, nun aber näherten sich auch diesem südöstlichsten Winkel des Reichs die feindlichen Truppen. Was würde das Schicksal Berchtesgadens sein, dem ja der Ruf vorausging, zu Hitlers „Alpenfestung" zu gehören? Am 4. Mai rückte die amerikanische Panzereinheit von Reichenhall her ins Berchtesgadener Land ein.

Landrat Jacob fuhr in Begleitung von Dr. Rudolf Müller den Amerikanern mit einer weißen Fahne zum Zeichen der friedlichen Übergabe des Landkreises entgegen. In einem Flugblatt hatte er die Hoffnung geäußert, daß es ihm gelingen werde, „schweres Unglück von unseren Frauen und Kindern unserer geliebten Heimat fernzuhalten." Das war gar nicht so einfach. Für Zivilpersonen konnte Jacob vielleicht die Verantwortung übernehmen, aber auf dem Obersalzberg befand sich noch eine größere SS Einheit, und andere SS und Wehrmachtsverbände hatten sich in das Gebirge zurückgezogen. Aus allen Häusern wehten weiße Bettlaken und Handtücher. Der Schloßplatz war dazu ausersehen, Schauplatz dieses letzten Aktes, der Übergabe des Marktes durch Bürgermeister Sandrock, zu sein. Der amerikanische Kommandeur hatte zuvor erklärt: „Wenn beim Einmarsch nur ein amerikanischer Soldat zu Schaden gekommen wäre, hätten Bomberverbände das Berchtesgadener Land in Schutt und Asche gelegt."

Mehr als ein halbes Jahrhundert ist seither vergangen - Gott sei Dank gab es in diesen Jahrzehnten keine auch nur halbwegs so spektakulären Vorgänge auf unserem Schloßplatz wie in der ersten Hälfte des 20. Jahrhunderts. Trotzdem blieb der Schloß-

Fackelzug am 21.3.1933 zur Reichstagseröffnung

Schloßplatz „geschmückt" mit Hakenkreuzfahnen anläßlich der deutschen Heeresschimeisterschaften vom 7. - 12. Februar 1934

Übergabe Berchtesgadens an die Amerikaner am Schloßplatz v.l. Dr. Rudolf Müller, Bürgermeister Karl Sandrock, Landrat Theodor Jacob, der amerikanische Oberstleutnant der 101. US Airborne Division

platz Bühne und Mittelpunkt vieler Ereignisse. Feiern der verschiedensten Art, Brauchtumsumzüge und künstlerische, sportliche und historische Ereignisse fanden und finden hier ihre großartigen und stimmungsvollen Höhepunkte. Erinnert mag nur werden an das einmalige Ganghoferfest 1955 und an die Lichtschau Professor Schneider-Siemsens 1997, der Eröffnungsveranstaltungen und Siegerehrungen bei großen Sportwettkämpfen, an das alljährliche Totengedenken vor dem Kriegerdenkmal. Im Jahre 2002, anläßlich der 900 Jahrfeier Berchtesgadens, wird auch unser Schloßplatz wieder im Zentrum von Feierlichkeiten stehen - wie seit Beginn der Geschichte unseres Marktes und Landes. Dabei wird dann auch der religiösen Gründung würdig gedacht werden, denn der Schloßplatz wird nicht nur vom Schloß und den Arkaden, sondern auch von der Stiftskirche eingefaßt. Man kann sich gar nicht ausdenken und vorstellen, was dieses unregelmäßige Geviert mit seinen Torwerken schon alles erlebt hat. Möge sich jeder, der diesen Schloßplatz betritt, der Geschichtlichkeit dieses Ortes bewußt sein.

Von Türmen und Toren

Zweifellos sind die Türme unserer Stiftskirche ein besonders signifikantes Detail des Platzes. Der 1596 durch Blitzschlag so schwer beschädigte Südturm war nicht mehr zu retten und mußte bis auf die Höhe des Langhauses abgetragen werden. Der Nordturm, der auch in Mitleidenschaft gezogen wurde, konnte wieder ausgebessert werden und blieb nun als einziger Turm 2 1/2 Jahrhunderte das Wahrzeichen der Stiftskirche. Im Juni 1819 traf wiederum ein Blitz auch diesen Turm und beschädigte ihn schwer. Schon 1838 war der Turm deshalb derart baufällig geworden, daß eine Bauinspektion es für nötig hielt, „das Läuten mit den drei großen Glocken vor der Hand auszusetzen." Und so mußte 1845 auch dieser Turm bis auf das Langhaus herab abgetragen werden. Jetzt stand die verehrungswürdige Stiftskirche ganz ohne den Schmuck ihrer Türme, die einst Schloß und Markt hoch überragten.

Abbruch der Stiftskirchen-Turmreste 1845. Mit dem Abbruchmaterial wurde der Neuhausgarten aufgeschüttet. Errichtung der neuen Türme 1864 (Foto aus: Das Berchtesgadener Land im Wandel der Zeit, v.A.Helm, S. 339)

Natürlich regten sich bald Bestrebungen zur Errichtung neuer Türme. Aber das an sich eher arme Gemeinwesen konnte die Baukosten nicht aufbringen, und so sollte nun ein „Comité für den Stiftsumbau" die Angelegenheit vorwärtstreiben. Schließlich wurde der Wiederaufbau durch die finanzielle Hilfe König Maximilians II. möglich. Dazu mußten die Turmrümpfe zunächst fast vollständig abgetragen werden, bevor die neuen Türme aufgemauert werden konnten. Am 11. Oktober 1866 erklangen zum ersten Male wieder seit vielen Jahren die Glocken der Stiftskirche. Nun war der alte Zustand Gott sei Dank wieder hergestellt. Doch nicht ganz: Während die früheren Türme 75 m hoch und schlank waren, erreichten die neuen nur mehr 50 m Höhe und sind in ihrem Unterbau schwer und massig. Sie fügen sich jedoch in das Gesamtbild gut ein und wirken nach fast 150 Jahren alt und fast original. Hatten diese Unwetter - und Feuerkatastrophen keine menschlichen Verluste gefordert, so sollte es doch nicht ganz ohne Todesopfer abgehen. Am 9. November, kurz vor Vollendung der Türme, wurde der Maurer Josef Eder durch einen vom Turm herabgeworfenen Stein tödlich verletzt. —

Der Zugang zum Schloßplatz führte durch insgesamt vier Tore, zwei von Westen her, nämlich den heute sogenannten Neuhausbogen und den Schloßbogen. Nach Osten bzw. Norden versperrten zunächst der sog. Rentamtsbogen (früher auch „Kassierbogen" genannt) und der Ledererbogen den Zugang. Dieser „Ledererbogen" war ein eigener starker Torbau, der vom Arkadenbau zur Mauer des Rathausplatzes reichte und durch den die alte Straße nach Salzburg und auch nach Reichenhall führte. An verschiedenen Stel-

Alter Rentamtsbogen, vor dem Umbau 1955

len war eine Wehrmauer errichtet, die noch durch Türme verstärkt wurde. So gesichert machten der Klosterbau respektive das Schloß samt Münster und Nebengebäuden mehr den Eindruck einer Festung.

Natürlich erwiesen sich diese Bögen, die früher durch feste Tore verschlossen werden konnten, für den neuzeitlichen Verkehr als große Hindernisse. Der Ledererbogen wurde 1859 abgebrochen, da er infolge der neuen Straße nach Salzburg zwischen Rathausbau und Pfarrkirche und der Reichenhaller Straße mit ausgebauter Maximilianstraße unnötig geworden war. Nichts erinnert heute mehr an diese frühere Straßensperre. Der Schloßbogen auf der anderen Seite, ein schmaler, kaum für einen Leiterwagen passierbarer Durchlaß zwischen Kornmesserhaus und Kerkerturm wurde erstmals 1889 erweitert. Aber das alles reichte natürlich noch nicht aus, um den Verkehrsbedürfnissen der neuen Zeit gerecht zu werden.

Abbruch des alten Rentamtsbogens

In den 50 er Jahren schlug dann das letzte Stündlein für die alten Rentamts- und Neuhausbögen. Beide wurden in aufwendigen Arbeiten in die heutige Form gebracht. Der Rentamtsbogen war der schmalste der drei noch vorhandenen Bögen. Seine Durchfahrt war 3,30 m breit, die Scheitelhöhe betrug 3,18 m. Er mußte erst vollständig abgetragen werden, bevor er in der heutigen Breite, mit beidseitiger Passage für die Fußgänger, neu aufgemauert werden konnte. Die Fahrbahnbreite des neuen Bogens beträgt an der engsten Stelle 6 m, die Scheitelhöhe 4,30 m. Die Arkadengänge für Fußgänger sind 1.65 m breit. Bei diesen Baumaßnahmen war man peinlich darauf bedacht, das alte historische Bild, vor allem auch des Schloßplatzes, des Arkadenbaus und des alten Stallmeisterhauses zu bewahren. Das ist so gut gelungen, daß man sich heute gar nicht bewußt ist, eine Neuauflage des alten Torbogens vor sich zu haben. Dieser Erfolg war das Ergebnis des Zusammenspiels der verschiedensten beteiligten Stellen: Die Marktgemeinde übernahm die Kosten für die Bürgersteiganlagen, das Straßenbauamt Traunstein überwachte den Bau und trug die Last des Straßenbaus, der Wittelsbacher Ausgleichsfonds als Hausherr gestattete den Eingriff in die bestehenden Gebäude und stellte den Platz für die Straßenverbreiterung zur Verfügung, das Landesamt für Denkmalpflege und das Landratsamt waren eingeschaltet, Nachbarn und Mieter wurden gehört und vorübergehend anderweitig untergebracht.

Jeder Eingriff in die historisch gewachsene originäre Architektur ist mit großen Problemen behaftet. Konnte bei dem Rentamtsbogen das Trennende zu dem bisher doch

Alter Neuhausbogen, Durchblick zum Marktplatz (1935)

recht abgeschlossenen Nonntal unter Erhaltung der einzigartig schönen Architektur des Schloß- hofkomplexes aufgehoben werden, so ging es bei der Erweiterung des Neuhausbogens um das Bild des Marktplatzes. Mit der Erbauung der „Hofta- fern Neuhaus" 1576 unter Fürstpropst Jakob II. hat- te der Marktplatz seine Geschlossenheit und bau- liche Einheit erhalten. Nun, 1955, mußte auch die enge Neuhauspassage erweitert werden, in der trotz der Enge noch ein kleines Andenkenlädchen seinen Platz gefunden hatte. Dieses allerdings, Re- likt einer sehr frühen Zeit des Fremdenverkehrs, mußte bei dem Umbau ganz verschwinden. Man darf sich jedoch angesichts der heutigen, durch große Mühen verbreiterten Bögen nicht der Vor-

Alter Neuhausbogen am Marktplatz (vor 1955)

stellung hingeben, daß nun für den Straßenverkehr alles getan sei. Man muß nur ein- mal beobachten, wie Omnibusse durch diese Durchfahrt sich hindurchlavieren (oder

Abbrucharbeiten am Neuhausbogen

steckenbleiben!), und die Kratzspuren an den Mauern - sicher auch an den Fahrzeugen - sprechen eine deutliche Sprache.

Daß diese Tordurchfahrten, und damit die Durchfahrt durch den Schloßplatz, untertags für den Durchgangsverkehr gesperrt sind, ist zwar für manche Autofahrer ein Ärgernis, ist aber bei ruhiger Überlegung in Anbetracht des gerade zur Sommerzeit überhand nehmenden Autoverkehrs eine pure Notwendigkeit. Allerdings mußten dadurch manche Geschäfte , vor allem auch in dem nun wieder weitgehend abgetrennten Nonntal, eine nicht unbeträchtliche Einbuße hinnehmen. Der Fußgänger freilich, vor allem auch der touristische Gast, weiß dieser Regelung Dank. So kann das einmalige historische und architektonische Bauensemble, das in der ganzen deutschen Alpenregion nicht seinesgleichen findet, in Ruhe genossen werden.

Der Kronprinz Rupprecht Brunnen

1960, aus Anlaß der 150 jährigen Zugehörigkeit Berchtesgadens zu Bayern und zum Gedenken an Kronprinz Rupprecht, wurde der Brunnen am Schloßplatz eingeweiht - nach einer längeren Entstehungsgeschichte. Schon 1948 tauchte der Wunsch nach einem Brunnen im Schloßhof auf. Anlaß zu dieser Idee war ein Springbrunnen, der auf dem Schloßplatz gelegentlich der Inbetriebnahme der neuen Wasserleitung in provisorischer Weise errichtet worden war. Dieser Brunnen fand bei der Bevölkerung allgemein sehr großen Anklang, man war sich einig, daß er zweifellos eine Verschönerung des Platzes bedeutete. Man dachte dabei an einen schönen und geeigneten Brunnen, der in einem Hof des Platterhofes auf dem Obersalzberg stand und die Zerstörung durch den Bombenangriff am 25. April 1945 unbeschädigt überstanden hatte. Alle waren für dieses Projekt, die Gemeindeverwaltung, der Wittelsbacher Ausgleichsfond, vor allem auch Kronprinz Rupprecht selbst. Maßgebend für eine Überlassung des Brunnens war die amerikanische Militärregierung, die einer Zusage auswich. Auch die Verhandlungen, die nach dem Übergang der Liegenschaften des Obersalzbergs in den Besitz des bayerischen Staates mit dem Landesamt für Vermögensverwaltung und dem Berchtesgadener Finanzamt geführt wurden, führten zu keinem Resultat. Inzwischen wurden von Berchtesgadener Seite schon Kontakte mit der Marmor-Industrie Kiefer in Hallein-Oberalm aufgenommen, die seinerzeit 1936 den Brunnen aufgestellt hatte. Man wollte im Falle des Zuschlags keine Zeit versäumen. Es stellte sich heraus, daß die „Transferierung" des Brunnens teuer und schwierig sein würde: Es wäre ein Tieflader mit 30.000 kg Tragkraft nötig, vor dem Schloßbogen müßte die große Schale abgeladen und dann auf Walzen weiterverfrachtet werden. Das alles wollte man gerne in Kauf nehmen - doch schließlich , 1955, landete der Brunnen als Prunkstück im Kurpark Bad Reichenhall.

Brunnen vom Platterhof, Obersalzberg, sollte auf den Berchtesgadener Schloßplatz, wurde dann im Kurpark Bad Reichenhall aufgestellt

Der Gedanke aber an einen Brunnen im Schloßhof hatte Wurzeln geschlagen, es war auch eine Lieblingsidee des inzwischen verstorbenen Kronprinzen. Berchtesgadens 2. Bürgermeister Engelbert Aigner verfolgte nun geduldig und beharrlich diesen Plan weiter bis zu seinem glücklichen Ende. Als Künstler und Schöpfer eines nun völlig neuen Brunnens wurde Professor Bernhard Bleeker (1881-1968), einer der bedeutendsten und erfolgreichsten Bildhauer Deutschlands, gewonnen, der auch selbst dem Kronprinzen nahe stand. Nach einem ersten, allerdings zu teuren Entwurf, dessen Ausführung 50.000 M gekostet hätte, erstellte er einen zweiten, kleineren und billigeren. Ein Gipsmodell des Brunnens wurde in München aufgestellt und von einer Kommission begutachtet, der folgende Persönlichkeiten angehörten: der Präsident der Kanzlei und Verwaltung des Herzogs von Bayern, Baron Riederer von Paar; der Präsident des Verwaltungsrates, Baron von Redwitz; der Generaldirektor des Wittelsbacher Ausgleichsfonds, Baron von Teuchert; der Schloßverwalter Oberst a.D. Grosser; der 1. Bürgermeister Dr. Imhof; der 2. Bürgermeister Aigner, Architekt und Gemeinderat Georg Zimmermann; Polizeioberinspektor Streibl; Professor Bleeker. Der Brunnen gefiel und wurde in Auftrag gegeben.

Kronprinz Rupprecht Schloßbrunnen

Das Wasserbecken wurde mit Muschelkalk eingefaßt, der Brunnen selbst aus Untersberger Marmor gearbeitet. Man entschloß sich zu diesem teuren Marmor, weil er heimisches Gestein war. Die Firma Mayr-Melnhof´sche Marmorwerke in Salzburg lieferte einen großen Marmorblock zu 250/250/250 cm (2625 M) und drei kleinere Blöcke zu 261 DM. Die Gesamtkosten von 27.000 M wurden durch folgende Stellen und Zahlungen aufgebracht: Wittelsbacher Ausgleichsfond 11.000 M, Fremdenverkehrs-verband und Landkreis je 6250 M, Gemeinde Berchtesgaden 3500 M. Diese übernahm noch Wasserzuführung und -lieferung sowie Kanalisation. Der Brunnen erhielt Krone und Initialen seiner Königlichen Hoheit des Kronprinzen Rupprecht und die Inschrift: „Berchtesgaden 1960 - 150 Jahre bayerisch."

Die Heuwaage

Am Arkadenbau des Schloßplatzes befand sich eine Waage, die „Hofwaage" oder nach ihrer Bestimmung auch „Heuwaage" hieß. Sie war eine Hebelwaage mit zwei gleichlangen Armen, an denen vier Ketten hingen. Die vier Ketten des einen Armes dienten zum Aufhängen des Wagens, während am anderen Arm die Gewichte (aus Stein oder Eisen) die Schwere des Wagens und seiner Ladung angaben. Über den Daseinszweck wie auch das unrühmliche Ende dieser Waage gibt ein schmales Aktenbündel Auskunft.

Die Schloßverwaltung (seit 1820 gab es eine solche) benötigte wegen der häufigen Besuche der bayerischen Könige und ihres Hofstaates für das vermehrte Personal neuen Wohnraum und regte deshalb bei dem königlichen Obersthofmeister Stab an „zur Erweiterung der Wohnungen des k. Stallpersonals und zur Verschönerung des Hofplatzes" die Heuwaage abzubauen und in das Schrannengebäude (am Platz des heutigen Rathauses) aufzunehmen. So erging am 15. September 1835 an die Gemeinde die Anfrage, ob und in welcher Weise diese Waage im Schrannengebäude untergebracht werden könnte, und ob die Aufnahme unentgeltlich geschehen würde. Und schließlich wollte man wissen, ob die Gemeinde gesonnen sei, die Waage und das Waaggeschäft ganz als Eigentum oder nur pachtweise zu übernehmen.

Die Gemeinde wies in ihrer Antwort darauf hin, daß die Waage ja in erster Linie dem königlichen Hof diene: Jährlich müßten mehrere hundert Zentner aufzukaufendes „Wildbretheu" wie auch der Bedarf an Heu und Stroh für die Pferde während der Anwesenheit der Majestäten gewogen werden. Ferner werde das geschossene Wildbret gewogen, und das vor allem in der Zeit der großen Hofjagden,bei denen 60 und 100 Stück auf einmal geschossen würden und einzeln nach Gewicht zum Verkauf gelangten. Außerdem hielt die Gemeinde den amtlichen Schätzpreis für Waage, Ketten, Gewichte von 190 f (Gulden) für zu hoch und fand ihr eigenes Angebot von 50 f für gerechtfertigt. Die Gemeinde versäumte auch nicht, darauf aufmerksam zu machen, daß sie bei Übernahme der Waage für sich keinen Nutzen erwarte, sondern einem öffentlichen Zweck und dessen geregelter Ausübung ein Opfer erbringe.

Arkadenbau am Schloßplatz mit Heuwaage (Hofwaage) und Fischkalter (bis 1889).
(Aus: Das Berchtesgadener Land im Wandel der Zeit, v.A. Helm, S. 311)

Und nun ging ein richtiges, fast unwürdiges Gefeilsche los. Die Regierung des Isarkreises verweigerte jeden Beitrag zu den „Abtragungs- und Transferierungskosten", um den die Gemeinde gebeten hatte, und setzte nun noch eins drauf mit der Androhung, die Waage im Weigerungsfall zur allgemeinen Versteigerung frei zu geben. Die Gemeinde hatte inzwischen folgende Berechnung angestellt: Die jährlichen Einnahmen aus dem Waaggeschäft werden im Durchschnitt auf 41 f, die Ausgaben auf 25 f berechnet, so daß ein Ertrag von jährlich etwa 16 f zu erwarten sei. Dabei müßte an der Schranne zur besseren Festigkeit eine Steinmauer gesetzt und ein neues Dachhäuschen gebaut werden, was zusammen mit Abbau und Umsetzung 359 f kosten würde.

Am 18. September 1836 machte der König diesem jämmerlichen Geschacher ein Ende und bestimmte, daß die „äralische Heuwaage zu Berchtesgaden im dortigen Schloßhofe bleiben solle." 1851 wurde das Problem der Heuwaage erneut spruchreif. Berchtesgaden zeigte sich bereit, die Waage zu übernehmen, aber ohne Absicht zu kaufen und daher ohne Angebot. Der Grund war ganz einfach: „Die Gemeinde hat kein disponibles Vermögen, sondern Schulden." 1871 ließ die Schloßverwaltung die Waage abtragen - sie verschwand irgendwohin. Aber dies war der Gemeinde auch wieder nicht recht, denn nun gab es im Markt keine Waage, und die „zu wägenden Gegenstände mußten auf gut Glauben von den Käufern abgenommen werden."

Das Kriegerdenkmal

Jahrelang hatte man nach dem Ende des ersten Weltkriegs im Gemeinderat, in Ausschüssen und Vereinen Pläne zu einem Kriegerdenkmal gemacht, aber an der Frage nach der Art des Denkmals und seinem Platz scheiterten Pläne und Beschlüsse. 1929 kam es - fast möchte man sagen völlig unerwartet und wie durch ein Wunder -zu einem geradezu sensationellen Projekt und zu allgemeiner Akzeptanz.

Kronprinz Rupprecht und Kunstmaler Josef Hengge hatten gerade das Schloß besichtigt und traten auf den Schloßplatz hinaus. Ganz impulsiv meinte Hengge, auf die Wand des gegenüber liegenden Arkadenbaus deutend, daß diese Wand besonders geeignet wäre für einen Maler. Nachdem die beiden hin und her überlegt hatten, was man da überhaupt hinmalen könnte - die Vorschläge gingen von Geschichtlichem über Brauchtum zu Aktuellem - kam der Kronprinz auf den Gedanken „Wie wärs, wenn wir hier am Schloßplatz ein Kriegerdenkmal schaffen würden in Fresko?" Der Gedanke war geboren, beide waren sofort Feuer und Flamme und machten Vorschläge und Entwürfe. Hengge erhielt in der Akademie der Bildenden Künste in München den großen Hörsaal für seine Arbeiten zugewiesen, wo er beim Schein von sechs Bogenlampen oft bis in die Nacht hinein an den Kartons arbeitete. Der Gemeinderat hatte bereits am 31. Juli dem Plan, „ein Kriegerdenkmal in Form von Fresken ..." zu schaffen, voll Freude und Erleichterung seine „uneingeschränkte Zustimmung"gegeben. Der Kronprinz hatte seinen Vorschlag noch dadurch nicht unbedeutend aufgewertet, daß er dazu einen beachtlichen finanziellen Beitrag versprach. Die Kosten für die Fresken wurden auf etwa 10.000 Mark geschätzt, von denen Rupprecht 5000 Mark übernehmen wollte.

Nachdem auch Hengges bis ins Detail gehende farbige Skizzen vom Landesamt für Denkmalpflege und der Regierung von Oberbayern positiv begutachtet worden waren, machte sich der Künstler an der Außenfront der Hofstallung ans Werk. Was hatte sich Hengge selbst bei seinen Figurengruppen gedacht? Welche Ideen wollte er, der selbst Kriegsteilnehmer und schwer verwundet war, zum Ausdruck bringen? Geben wir ihm selbst das Wort:

Das Kriegerdenkmal 1929 mit den ursprünglichen Fresken

Mittelbild: Ein fünf Meter hoher streng geschnitzter Christus, an der Seite ein Berchtesgadener in Tracht, die Hand emporhaltend und zugleich hinausrufend in alle Welt: Durch Christus wird unsere Berchtesgadener Heimat vor den Feinden bewahrt, mit Christus zieht hinaus, mit Christus kommt wieder heim. Unten in der Ecke die Berchtesgadnerin, welche sich unter dem Schutze von oben geborgen fühlt, die Hände sinnend und betend verkrampft.

Ausmarsch: Keine Hurra-Stimmung. Es ist Ausmarsch und Abschied. Schwer lasten Sorgen und Gedanken auf dem älteren Krieger, in zuversichtlicher Entschlossenheit winkt der Jüngere den Abschiedsgruß. Wehen, wunden Herzens läßt die junge Mutter und Gattin, den ahnungslosen Säugling im Arm, die beiden ziehen.

Heimkehr: Müde Männer in Stahlhelm, die alle Schrecken überstehen mußten, sind nun daheim. Die ausgestreckten Hände des Vordersten finden im warmen Gruß die Hände des Vaters. Der Mittlere weist auf die, die noch kommen werden und auf die anderen, die in fremder Erde zurückbleiben mußten. Fassen wir die anderen Bilder zusammen: Das Bild Kampf, Alarm mit Fahnenträger, Trommler und Trompeter deutet schon auf das Kampfgeschehen hin, das vierte Bild Großkampftag wurde nach dem zweiten Weltkrieg durch das Bild „Trauernde an der Bahre" ersetzt. Durch Hinzufügen der Jahreszahlen 1939 und 1945 wurde das Denkmal auch für die Toten des zweiten Weltkriegs gültig.

1945 mußte das Kriegerdenkmal auf Anordnung der Amerikaner übertüncht werden, nur die Mittelgruppe durfte bleiben. Leider wurden bei dem Übermalen statt Leimfarben Kalkfarben verwendet, welche die Fresken zerstörten. So mußten 1952 die Fresken von Hengge völlig neu gemalt werden. In die hintere Wand des Arkadenganges sind die Marmortafeln mit den Namen der vielen, vielen Gefallenen eingemauert.

Täglich, besonders in den Sommermonaten, betrachten viele Touristen die Fresken des Kriegerdenkmals am Schloßplatz, und im November, dem Monat des Totengedenkens, versammeln sich vor diesem einzigartigen Denkmal, zu dem es nirgends Vergleichbares gibt, Berchtesgadener Bürger und Vereine, um der Opfer der beiden Weltkriege zu gedenken.

Schloßplatz mit den neuen Stiftskirchentürmen

Der Marktplatz
Seine Anlage

Schon mit der Gründung der Klosterzelle war der Siedlungsgrundplan Berchtesgadens weitgehend vorgegeben. Das Klosterareal mit Klostergebäuden, Kreuzgang und Stiftskirche, zu dem später noch die Pfarrkirche und der Arkadenbau kamen, war der Ausgangspunkt der späteren bürgerlichen Siedlung, die sich im Osten und Westen anschloß. Die natürlichen Geländegegebenheiten zwangen zu Profanbauten in diesen zwei Richtungen. Das Kloster war mit sicherem Blick an einem dafür besonders geeigneten von Natur geschaffenen Platz angelegt: Eine kleine Terrasse, im Norden durch Lockstein und Kälberstein, im Süden durch den Felsabsturz des Priestersteins und den Taleinschnitt des Kupplergrabens begrenzt, gewährte genügend Raum und bot zugleich natürlichen Schutz. Da die Talaue der Ache wegen Überschwemmungsgefahr als Siedlungsboden kaum in Frage kommen konnte, blieb die schmale Terrasse am Fuße des Kälbersteins und Locksteins für den bürgerlichen Wohnbereich übrig.

Marktplatz Berchtesgaden; Holzschnitt von Bernhard Wenig

Aber auch das Gelände des Marktplatzes, das wohl bis zum Ende des 16. Jahrhunderts mit einer ersten Garnitur von zunächst wohl aus Holz gebauten Häusern besetzt war, ist stark abfallend. Die obere Häuserreihe - heute von Nr. 4 bis zum „Bierhaus am Eck" (Bier-Adam) besitzt hinter den Gebäuden (früher „Behausungen") ansteigende Gärten, die untere Häuserreihe - von Nr. 3 - Nr. 19 - war nach der anderen, südlichen Seite begrenzt durch den Kupplerbach, der am Fürstenstein entsprang und sich kontinuierlich eintiefte, beim Triembacher Eck mit einer „Pruggen" überspannt werden mußte und schließlich den tiefen „Schloßgraben" bildete, bevor er in die Ache mündete. Die Bewohner dieser „unteren" Häuserreihe besaßen ihre Gärtchen und Holzschuppen südlich auf der Seite dieses Baches. Durch das Gehänge des Kälbersteins und den Verlauf des Kupplerbaches ergab sich schließlich auch die Dreiecksform des Marktplatzes, der insgesamt an die 2000 qm umfaßt und sich von 22 m an der breitesten Stelle am Neuhaus bis auf 6 m beim Kaserer Eck verengt. Während sich Berchtesgadens Hauptverkehrswege Bahnhofstraße, Maximilianstraße, Metzgerstraße, Nonntal allmählich und vor allem im 20. Jahrhundert zu ihrer heutigen Form entwickelten, behielt der Marktplatz seinen Zuschnitt seit Jahrhunderten bei. Nur die Wohn- und Geschäftshäuser veränderten sich, wandelten ihr Gesicht, wurden höher und aufgestockt und aus Stein gemauert. Gesteigerter Wohnbedarf und Feuersgefahr - die große Geißel der mittelalterlichen Städte - zwangen dazu. So finden wir heute den Marktplatz mit schönen, stattlichen Bürgerhäusern besetzt. Die Hausgemeinschaften umfaßten damals nicht selten 20 - 30 Personen, der Marktplatz war seinerzeit dichtest bevölkert. Die Wohnverhältnisse waren größtenteils sehr beengt und sicher auch vielfach ungesund. Fühere Lokalhistoriker wie Zeno Reisberger und besonders Franz Hanser erforschten die Geschichte vieler Markthäuser und legten ihre Ergebnisse in der „Bergheimat", der Beilage zum Berchtesgadener Anzeiger, vor. Im Band II/2 der großen „Geschichte von Berchtesgaden" hat Kerstin Hederer ihre verdienstvolle und interessante Arbeit über die Entwicklung des Marktes Berchtesgaden veröffentlicht.

Bei den Bewohnern des Marktes wurde zwischen „Bürgern" und „Inwohnern" unterschieden. Die soziale Schicht der Bürger war durch eine Reihe von Rechten ausgezeichnet, so z. B. durch das Recht, Ämter zu bekleiden, Handel und Gewerbe führen zu dürfen. Das Bürgerrecht konnte durch Entrichtung von Geldbeträgen erworben werden und war an Haus- oder Grundbesitz gebunden. Die Inwohner, auch „Herbergsleit" oder „Inkeissen" genannt, waren ohne Immobilienbesitz und wohnten zur Miete. Sie besaßen weniger Bürgerrechte, wenngleich sie zu Gemeinschaftsaufgaben gleichermaßen herangezogen wurden. Die Bürger waren meist wohlhabende Handeltreibende, Wirte und Handwerksmeister und prädestiniert zur Bekleidung von Ratsherren-, Bürgermeister- und sonstigen Ämtern. Sie waren vielfach sog. „Verleger", Kaufleute, welche die „Berchtesgadener War", die Holzschnitzereien, aufkauften und vertrieben.

Alter Marktbrunnen mit Waschhütte

Nächst dem Neuhaustor, der äußeren Sperre des Stiftsbezirks, sind das „Hirschenhaus" mit seinen Fresken und die alte Stiftstaferne, 1576 erbaut, die dominierenden Gebäude. In der Mitte des Platzes spendet der alte „Marktbrunnen" noch immer sein Wasser. Zurückversetzt grüßt, halb vom Hang herunter, das ehemalige „Mauthaus" und frühere Schulhaus, das nur durch Stufen und eine Freitreppe erreicht werden kann. So präsentiert sich auf den ersten Blick der Platz, bevor das Auge den Häuserfronten der sich verengenden Straße entlang schweift. Der schöne Marktbrunnen und einige der alten Häuser samt ihren Bewohnern mögen im folgenden näher beleuchtet werden.

34

Der Marktbrunnen

Am Marktplatz ist erster Blickfang und oftmaliges und beliebtes Fotomotiv der Marktbrunnen. Er kann, wie die Häuser des Marktplatzes, auf eine lange Geschichte zurückblicken. Von den ursprünglichen zwei öffentlichen Brunnen, die jedenfalls zunächst aus Holz waren und welche die Bewohner des Marktplatzes mit dem lebensnotwendigen Naß versorgten, blieb er als einziger erhalten. Auf dem Merian-Stich von 1644 ist er mit einem runden Becken und einer schlanken Säule, aus der aus vier RöhrenWasser läuft, abgebildet. Der damalige Kurfürst von Köln, Herzog Ferdinand von Bayern, der auch Fürstpropst von Berchtesgaden war, ließ für den Brunnen, der 1558 unter Fürstpropst Wolfgang Griesstätter neu erbaut worden war, im Jahre 1628 den „märbelsteinernen Löben" mit seinem eigenen Wappen anfertigen. Der Künstler, der diesen dräuenden und lebensvollen Löwen schuf, war der aus Konstanz stammende Joh. Jakob Pokh, der gerade in Salzburg weilte. Der zu seiner Zeit sehr bekannte Bildhauer war der Schöpfer auch der prächtigen Denkmale für den Stiftsdekan Joh. Benedikt von Perfall und für Regina Haas, die beide im Kreuzgang ihre Aufstellung fanden. Auch der Hochaltar und ein Seitenaltar im Wiener Stephansdom stammen von ihm.

1677 wurde von dem Wittelsbacher Herzog Maximilian Heinrich, der ebenfalls Kurfürst von Köln und Propst von Berchtesgaden war, der Brunnen in Marmor errichtet, und 200 Jahre später, 1860 zum Jubiläum der 50 jährigen Zugehörigkeit Berchtesgadens zu Bayern völlig neu aus Untersberger Marmor erbaut. Darüber gibt die Inschrift an vier Steinplatten des Beckens Auskunft. Der Marmor stammte aus dem Steinbruch am Untersberg, den König Ludwig I. zu seiner Hochzeit mit Therese von Sachsen-Hildburghausen 1810 von dem österreichischen Kaiser Franz

Löwenbrunnen am Marktplatz Berchtesgaden, im Hintergrund Neuhausbogen, links altes Mauthaus, dann Schule

Josef I. als Geschenk erhalten hatte. Während früher der Brunnen von einer Quelle am Herzogsberg gespeist worden war - das Wasser wurde in Holzröhren unter der Ache hindurch geleitet - wurde er zu Beginn des 20. Jahrhunderts an die neue märktische Wasserleitung angeschlossen. Das schöne Bild des löwenbewehrten achteckigen Brunnens wurde 1966 allerdings empfindlich gestört.

Am Mittwoch, 16. November 1966, wurde durch einen offenbar unvorsichtigen Kranführer bei Hausabbrucharbeiten (Haus Nr. 5) der Brunnen weitgehend zerstört: Die Brunnensäule wurde umgeschlagen und dabei die Säule selbst und die Brunneneinfassung stark beschädigt, vor allem Krone und Kapitell hatten gelitten. Der auf der Säule sitzenden 300 Jahre alten Löwenplastik war besonders übel mitgespielt worden, sie war in viele Einzelteile zerschlagen. Die Vorderpranken waren in mehrere Bruchstücke zerbrochen, Zehen der Vorder- und Hinterpranken waren abgeschlagen, auch das Wappen war zerbrochen. Auch Kopf und Körper des Löwen hatten größere und kleinere Bruchstücke verloren, die ganze Figur lag überhaupt in zwei größeren Stücken am Boden. Das Entsetzen auf Berchtesgadener Seite war verständlicherweise groß. Konnte der Schaden überhaupt repariert werden, oder war es nötig, eine völlig neue Figur zu schaffen? Das Landesamt für Denkmalpflege, das eingeschaltet wurde, befand, daß das kostbare Original durch eine möglichst gute Reparatur durch die Hand eines Künstlers wiederhergestellt werden müßte. Eine Kopie käme nicht in Frage. Die Münchner Bildhauerwerkstätte Lenz übernahm die Arbeiten an dem Löwen, die nicht nur höchst professionell, sondern auch sehr kunstvoll ausgeführt wurden: die aufgefundenen und noch brauchbaren Einzelteile wurden mit dem Körper mit Messing-Bronzedübeln und Polyesterharz wieder vereinigt, die fehlenden Teile mittels eines Harz-Marmor-Gemisches ergänzt, ebenso die stark beschädigten Bruchkanten. Die Ausbesserung des Brunnenbeckens und der Säule, die Neuanfertigung der Säulenkrone und Reparatur aller sonstigen Schäden erfolgte durch den Steinmetzmeister Zerle in Traunstein. Die Gesamtkosten all dieser Arbeiten beliefen sich auf 13230 DM.

Am 15.7.1967 berichtete der Berchtesgadener Anzeiger in launigen Worten: „Seit einigen Tagen nun sitzt der alte Leu wieder auf seinem Platz und wacht wie eh und je grimmigen Blickes und schildbewehrt über Einheimische und Gäste. Ein Wahrzeichen Berchtesgadens ist wieder heimgekehrt. Die Bildhauerwerkstätte Lenz hat das stark lädierte Wappentier so kunstvoll „operiert" und „zusammengeflickt", daß ihm von seinen schweren Verletzungen nicht mehr das geringste anzumerken ist."

Georg Labermayr war seinerzeit der Besitzer des Hauses (Nr. 3) und ein angesehener und sehr begüterter Mann. Als einflußreicher Holzwarenverleger spielte er in der Bürgerschaft und auch in der damaligen inneren Politik des Stiftslandes eine heraus-

Labermayrhaus (später Hirschenhaus) mit Renaissancefresken, davor Brotladen (um 1840)

ragende Rolle. Viermal- 1589, 1612, 1614, 1625 - wird er in den Quellen als Bürgermeister genannt. Überhaupt waren die Häuser des Marktplatzes in erster Linie im Besitz von wohlhabenden und herausragenden Bürgerfamilien, die über die Jahrhunderte immer wieder Ratsherren und Bürgermeister waren. Labermayr besaß nicht nur zwei größere Grundstücke, sondern auch sechs stattliche Häuser. Sein Haus, das Labermayr-, vielfach auch Hirschenhaus genannt, gehört zu den wichtigsten, auch kunsthistorisch interessantesten Gebäuden Berchtesgadens. Die „Affenmalereien" auf der Südseite sind jedenfalls von ihm in Auftrag gegeben und von dem bedeutenden Berchtesgadener Maler und Kartographen Johann Faistenauer (1577-1643) ausgeführt worden. Es handelt sich dabei um ein berühmtes Denkmal alter Freskokunst, um die ältesten Häuserfresken im bayerischen Gebirgsland. In ihnen wird auf symbolische und sarkastische Art zugleich das Leben der feinen Gesellschaft und der Untertanen dargestellt, und zwar von Affen, die das menschliche Leben und Treiben parodieren. Die sechs Südfenster sind von diesen Fresken umrahmt, die jeweils sich mit einem bestimmten Gegenstand beschäftigen, so z. B. mit den Themen Tanz, Musikanten, Maskenumzug, Schlemmereien, Steuereintreibung, Jagd und Spiel. Als Fazit dieser Malereien und auch von Labermayrs eigener Lebenserfahrung, die doch trotz der humorvollen Bilder etwas deprimierend und bitter erscheint, kann der Vers gelten: „Duckh dich, Häsl, laß ybergan, Dann Gwalt will Recht han." Seine Lebens-

Schadhafte Fresken der „Affenmalereien", 1932

einsichten und Erkenntnisse, offenbar auch als Bürgermeister in dem Kirchenstaat, hatten ihn wohl zu dieser Quintessenz geführt.

Das Haus selbst war damals rundum und auch stellenweise im Innern bemalt. So fanden sich in den Gängen und Treppen wie auch an der Ostfassade Girlanden mit Blumen und Früchten. Die Nordseite, dem Marktplatz zugekehrt, zeigt seit dem Umbau 1892-94 nach dem Entwurf von Prof. August Thiersch eine neuzeitliche Bemalung, die sich auf die Geschichte Berchtesgadens und des Marktbrunnens bezieht. Ganz oben sehen wir die Gründer und Stifter Berchtesgadens, Gräfin Irmingard und die Grafen Berengar und Cuno, weiter unten den Wittelsbacher Herzog Maximilian Heinrich, Kurfürst von Köln und Fürstpropst von Berchtesgaden, mit einer Pergamentrolle, auf welcher der Marktbrunnen dargestellt ist. Er hatte ihn 1677 in Marmor errichten lassen. Dazu finden wir im reichen Patriziergewand Georg Labermayr selbst mit einer Hirschfigur in der Hand - Hinweis auf die Holzwaren, die er als Kaufmann vertrieb, und auf den Namen des Hauses.

Das Leben Georg Labermayrs, dieses reichen und bedeutenden Mannes, verlief nicht immer glücklich. So starben im Monat September des Jahres 1571, vielleicht an einer epidemischen Krankheit, seine Eltern und drei seiner Geschwister. Sein Sohn Wolfgang starb ebenfalls früh. Georg Labermayr selbst wußte um seine soziale Verpflichtung gegenüber seinen Mitbürgern und rief kurz vor seinem Tod eine Stiftung ins Leben: Jedes Jahr sollte den armen Leuten der Gemeinde für 10 Gulden in seinem Haus Brot verteilt werden. –

Sein Nachbarhaus, die sog. „Khrenbehausung" (Marktplatz Nr. 5) später auch als „Erlmoserhaus" bekannt, hieß im 16. Jahrhundert auch „Haus unter der Hütten", wobei es sich jedenfalls um die Waschhütte beim Marktbrunnen handelte. Besitzer dieses Hauses um 1595 war der Neuhauswirt Erhard Khren. Zwischen ihm und seinem Nachbarn Labermayr kam es bald zu Schwierigkeiten und Streit, „Speen und Irrung", wie es dazumal hieß, und wie auch heute endete der Streit vor Gericht. Das corpus delicti, um das es ging, war die gemeinsame Mauer zwischen den beiden Behausungen. Da das Labermayrhaus höher war, ging es augenscheinlich auch um die Ableitung des „Tachwassers". Das fürstliche Landgericht unter dem Landrichter Hieronymus von Püttrich fällte ein salomonisches Urteil: Die Mauer gehöre beiden, jeder könne nach „Notturf und gelegenheit noch darein unnd daraufbauen..." Und was das Dachwasser betraf, so mußte Labermayr auf seine Kosten für „ain Rynn oder Khendl" sorgen. Sollte aber Khren sein Haus aufstocken auf gleiche Höhe (was dann auch tatsächlich 1604 geschah), so muß er für die Benutzung der Dachrinne 10 Gulden und die Hälfte der Unterhaltskosten zahlen. Erhard Khren starb 1611. Eine Wappentafel in Marmor zeigt einen Merkurstab, das Zeichen für einen Handelsmann, die Initialen EK und die Jahreszahl 1602. Auch er hatte es zu Ansehen gebracht und soziales Engagement gezeigt, er war Ratsherr und „Sichenmaister", d.h. er war wohl der Verwalter des Siechen- und Leprosenhauses in der Salzburger Straße.

1685 hatte Johann Ertl, der aus Moosburg stammte und dort das „Lebzelterhandwerch rechtlich" gelernt hatte, die Lebzeltergerechtsame in Berchtesgaden erworben und sein Geschäft in die Khrenbehausung verlegt, nachdem er diese 1690 gekauft hatte. Er wurde wohlhabend und angesehener Bürger und sogar Bürgermeister. Auch sein Sohn Johann, der zu seinem Geschäft am Marktplatz noch einen Laden am Franziskaner Platz, in der Gern bei der Kirche und auch in Ettenberg betrieb, wozu später noch ein „Ladl" in St. Bartholomä kam, errang Bürgermeisterwürden.

1798 finden wir den Lehrer Alois Mader als Lebzelter, d.h. als Inhaber der Lebzelter gerechtsame, die er natürlich selber nicht ausübte. Mader, der aus Burghausen stammte und in Würzburg auf Kosten von Fürstpropst Schroffenberg im Lehrerseminar studiert hatte, wurde 1792 in Berchtesgaden als Lehrer an der „Hochfürstlichen Schulle" angestellt. 1797 heiratete er „Frau Anna Steinerin, 26 Jahre alt, Pflegetochter des edlen Herrn Severin Mittenwallner, bürgerlicher Lebzelter." Die Geschichte dieser Frau liest sich wie ein wahres Winter- und Weihnachtsmärchen. Zeno Reisberger erzählt sie auf Grund einer Überlieferung folgendermaßen: „An einem heiligen Abend, wahrscheinlich 1771, saß Mitterwallner mit seiner Frau und seinen Dienstboten in der Stube im ersten Stock beisammen. Da hörten sie an der Haustüre unten ein Geräusch; es war kurz vor der Christmette. Mitterwallner schickte seinen Hausknecht hinunter, um nachzusehen, ob die Haustüre zugesperrt sei. Der Hausknecht kam dem Auftrag nach und fand auf dem Steinpflaster vor dem Stiegenaufgang ein Bündel liegen. Als er es aufhob, rührte sich etwas darin. Er schlug die umhüllenden Tücher zurück und sah zu seinem Staunen ein neugeborenes Kind. Er trug es seiner Herrschaft in die Stube

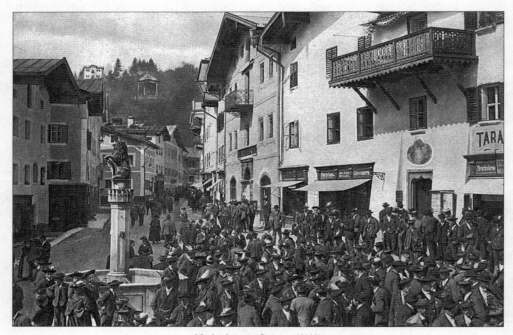

Marktplatz am Sonntag (1919)

hinauf, wo es eine große Überraschung auslöste. Frau Mitterwallner wickelte das Kind aus und sah dabei, daß die junge Erdenbürgerin mit einer sehr schönen Wäsche angetan war. Zwischen der Wäsche versteckt fand sich ein Zettel, der, von ungeübter Hand geschrieben, folgende Auskunft gab: „Anna heiß ich, getauft bin ich, das weiß ich, stamme von besseren Eltern, bin aber arm, tut euch meiner erbarm." Das Kind wurde angenommen, und man gab ihm den Namen Steinerin, weil es auf einem Stein gefunden wurde.

Mader war ein hochangesehener Lehrer und Bürger, der sich auch in sozialen Ehrenämtern „unvergängliche Verdienste" erworben hatte und von 1802-04 2. Bürgermeister war. Nach 41 Berufsjahren trat er 1833 in den Ruhestand, nur 2 1/2 Monate danach starb er mit 71 Jahren.

Kerschbaumer Haus

Haus Marktplatz Nr. 11, ein Haus mit schöner Fassade, jetzt Kaufhaus Juhazc, trug 200 Jahre den Namen „Kerschbaumer Haus". Die Geschichte der Kerschbaumer in Berchtesgaden, eines Geschlechts, das eine Reihe sehr verdienstvoller Persönlichkeiten hervorbrachte, geht zurück auf den Kaufmann Jakob Kerschbaumer (Kerschbember) aus Sterzing in Tirol.Dieser heiratete 1758 die Witwe Maria Anna Pernstich zu Berchtesgaden, Besitzerin des Hauses Marktplatz Nr. 11. Nach Zahlung der zum Erwerb der Bürgerschaft geforderten Beträge, nämlich 6 Gulden in die Bürgerkasse und 1 Gulden 20 Kreuzer für einen ledernen Wassereimer als Feuerlöschgerät, wurde er Bürger von Berchtesgaden. Wie jeder angehende Bürger sollte er drei Jahre lang an der Schießstatt an Schießübungen teilnehmen, wurde aber davon gegen Zahlung von 30 Gulden dispensiert. Als angehender Holzwarenverleger mußte er zudem 10 Gulden und 10 Pfund Wachs erlegen. Die Erlangung der Bürgerrechte und der Verlegergerechtsame war für ihn also eigentlich eine teure Angelegenheit. Aber offenbar hat es keinen Armen getroffen.

Der Handelsmann und Verleger Jakob Kerschbaumer verkaufte und versandte Berchtesgadener Holzwaren („Berchtesgadener War") nach Halbeuropa, so nach Italien in die Hafenstädte Ancona, Neapel und Palermo, vor allem auch nach Mailand, zudem nach London, Amsterdam, in die Schweiz und nach Österreich. Natürlich war er auch in Deutschland, vor allem in Bayern, mit Handelshäusern in Verbindung und auf Messen und Märkten vertreten. Da er ein derart erfolgreicher Kaufmann war, nimmt es uns nicht wunder, daß er von der Bevölkerung auch in Ratsämter und zum Bürgermeister gewählt wurde. Zwischen 1765 und 1794 finden wir ihn viermal als 1. und 2. Bürgermeister. Als er 1798 verstarb, führte seine Witwe das Geschäft erfolgreich weiter und übergab 1822 ihrem Sohn die zwei Häuser (Marktplatz Nr. 11 und 13, das sog. „Preidlerhaus") und die „Leinwand-, Tuchschnitt-, Spezerei-, Eisen- und Materialienhandlung".

Die Hinterlassenschaft dieser frühen Kerschbaumer wurde von den folgenden Generationen bis in die 2. Hälfte des 20. Jahrhunderts treu erhalten und verwaltet. Parallel zum Rückgang des Holzwarenvertriebs ging die Konzentration auf das Konfektions- und Textilgeschäft im Herzen des Marktes.Aber nicht nur hierauf bezogen sich die Aktivitäten der Firmenchefs, sie engagierten sich auch, wie bei dem Bürgerpatriziat Berchtesgadens seit Jahrhunderten üblich, für das Wohl ihrer Gemeinde. Jakob Kerschbaumer, 1823-1914, war von 1860-69 Bürgermeister von Berchtesgaden, Josef

„Die besten Grüße aus dieser schönen Gegend", 1904

Kerschbaumer, 1852-1952, leitete von 1893-1906 die Geschicke der Marktgemeinde. Beide hervorragenden Repräsentanten der Familie Kerschbaumer wurden wegen ihrer besonderen Verdienste zu Ehrenbürgern Berchtesgadens ernannt.

Am Ende dieser Häuserzeile am Marktplatz steht das Haus „Kaserer", dessen Kennzeichen die schöne Rokokofassade ist. Es wurde im Laufe der Jahrhunderte aus drei Häusern zusammengebaut und von der bedeutenden Kaufmanns- und Verlegerfamilie der Kaserer (früher Khäserer) bewohnt. Die Geschäfte dieses Handelshauses griffen weit in die Welt hinaus, so z.B. nach Übersee, allerdings nicht immer mit dem erwarteten und erhofften Erfolg bzw. Gewinn. 1816 gingen Kaserer-Waren im Werte von 2000 Gulden auf dem Seeweg von Triest nach Brasilien verloren. Andreas Kaserer, der seine Kraft auch der Marktgemeinde widmete, war nach 1820 mehrere Jahre Bürgermeister, ebenso wie vor ihm schon Ulrich Käßerer 1734-51 und Johann Georg Käßerer zwischen 1779 und 1796.

Ravenderbehausung und Mauthaus

Auch die „obere" Häuserfront des Marktplatzes kann mit stattlichen Bürgerhäusern, wichtigen Persönlichkeiten und interessanten Geschichten aufwarten. Haus Nr. 12 hieß lange Zeit das „Faistenauer Haus", nachdem es 1567 Peter Faistenauer gekauft hatte. In ihm war dessen Enkel Johann Faistenauer 1577/78 geboren, der Schöpfer der „Affenszenen" am Labermayr Haus (1610) und der nicht weniger berühmten Karte des Berchtesgadener Landes von 1628. Nach einem eher ungewöhnlichen Leben - er wurde in seiner Jugend wegen Totschlags ins Gefängnis geworfen und anschließend aus dem Klosterland zeitweise verbannt, 1631 wegen aufrührerischen Verhaltens erneut verhaftet - starb er in seinem Vaterhaus 1643. A. Spiegel-Schmidt hat im Berchtesgadener Heimatkalender 1996 sein bemerkenswertes Leben nachgezeichnet.

Die Marktapotheke, auch eines der alten Bürgerhäuser, hieß einstmals „Ravenderbehausung" nach dem Geschlecht der Ravender, die im Markt drei Häuser besaßen. Johann Michael Pirngruber, der erste Apotheker in Berchtesgaden, war kein gebürtiger Berchtesgadener. Er stammte aus Braunau am Inn, wo er seine Apotheke verkaufte, mit dem Kauferlös nach Berchtesgaden verzog und das Schlößchen Fürstenstein erstand. Hier richtete er seine erste Apotheke ein, verlegte sie aber 1825 in den Markt in diese Ravenderbehausung. Er ist 1846 im Alter von 79 Jahren gestorben. Er spielte in der Geschichte Berchtesgadens eine merkwürdige, zweideutige Rolle. Während der napoleonischen Zeit war Berchtesgaden wiederholt in die kriegerischen Wirren einbezogen. 1809, während der Freiheitskämpfe der Tiroler, war Berchtesgaden unter französisch-bayrischer Besetzung in Gefechte mit den Pinzgauer Bauern verwickelt. Pirngruber war - entgegen der politischen Lage - Parteigänger der „aufständischen" Tiroler und Pinzgauer. Das Pinzgauer Bauernkontingent drang dann auch tatsächlich, über den Hirschbichl kommend, in das Berchtesgadener Land vor und in Berchtesgaden selbst ein, das es mehrere Tage besetzt hielt. Aller-

„Kaserereck": li. Haus Kaserer, re. Heiglhaus, Mitte Forstamtsgebäude, heute Kaufhaus Dollinger (1934)

dings verhielt sich die Bevölkerung Berchtesgadens recht zurückhaltend und politisch indifferent - sie hatte auch keine Veranlassung tirolisch oder bayrisch, schon gleich gar nicht französisch zu sein. Nach wenigen Tagen wurden die Pinzgauer Bauernscharen von bayerischen Truppen aus Berchtesgaden vertrieben, und nun setzte eine wahre Verhaftungswelle ein, der auch Pirngruber nicht entging. Er wurde mit anderen als „Staatsgefangener" nach Salzburg auf die Festung gebracht und dort „sehr hart und inhuman gehalten". Da er unter diesen Haftbedingungen schwer erkrankt war, wurde er „Zur Wiederherstellung seiner Gesundheit" nach Berchtesgaden entlassen. Die amtlichen Stellen in Berchtesgaden wurde angewiesen, ihn in Zukunft „bey dem geringsten Vergehen ohne weiteres nach aller Strenge" zu behandeln. Als er später von seinen Mitbürgern zum Ratsherrn gewählt wurde, durfte er dieses Amt wegen seiner unzuverlässigen Einstellung nicht antreten.

Sein Sohn und Nachfolger als Apotheker Raphael Pirngruber, der 1887 verstarb, hinterließ eine Reihe heimatgeschichtlicher Manuskripte. Spätere Apotheker, nämlich Josef Lamprecht, der langjähriger Vorstand des Verschönerungsvereins war, und Josef Pfab, 1908-1919 Bürgermeister, wurden Ehrenbürger Berchtesgadens.

Marktplatz Nr. 2, das alte Mauthaus, war 1811 Schulhaus geworden. Zuvor, 1792, hatte Fürstpropst Schroffenberg, der das Schulwesen in Berchtesgaden nach Kräften förderte, das Nonntalhaus Nr. 15 gekauft und dort die erste „Hochfürstliche Schulle" eingerichtet. 1810 zog die Schule vorübergehend um in die frühere Dekanatswohnung im Stiftsgebäude, aber schon 1811 wurden die zwei Zimmer vom Landgericht benötigt. Nun wurde die Schule wieder umquartiert, und zwar in das „ärarialische" Mauthaus (gehörte der Saline, d.h. dem Staat). Der nötige Umbau dieses Hauses, durch den im 1. Stock 2 Schulzimmer, im 2. Stock eine Lehrerwohnung eingerichtet wurden, kostete am Ende nicht wie vorgesehen 742 sondern 1415 Gulden, aber letztlich waren alle mit dem gelungenen Werk zufrieden.

Der Lehrer Joachim Buchhirl, von 1865-76 in Berchtesgaden tätig, bewohnte die Lehrerwohnung im 2. Stock, war aber offenbar nicht immer zufrieden. Er war als Schulleiter, Bezirkshauptlehrer, Stiftschorregent und Liedertafeldirigent und schließlich als Lehrer von 2 Klassen mit zusammen 160 Kindern wirklich überfordert. Seine Wohnung brachte ihm auch nicht immer die nötige Ruhe und Erholung. Zudem wies sie

Straßenasphaltierung 1927: Dampfwalze unterm Neuhausbogen

noch einen anderen Mangel auf, wie aus einer Beschwerde an das Bezirksamt hervorgeht: Im Keller des Schulhauses hatte der Fragner (Krämer) Anton Walch 5-6 Fässer Sauerkraut und „Prisil" (= Schnupftabak; einige Berchtesgadener stellten selbst Schnupftabak her) gelagert, was einen fürchterlichen Gestank verbreitete. Nachdem der Herr Lehrer schon während der Schulzeit bei so vielen Kindern in den völlig überfüllten Zimmern keine gute Luft hatte, so wollte er wenigstens nach den Schulstunden bei guter Luft sich erholen können. Und die Frau Lehrer hatte wegen des vielen Lüftens in der Wohnung ein rheumatisches Kopfleiden bekommen. Walch aber wollte mit seinen Fässern nicht weichen und pochte darauf, daß er einen Pachtvertrag besitze. Schließlich aber siegte die Einsicht und die Gesundheit des Lehrers (und der Kinder!) und Walchs Pachtvertrag wurde gekündigt.

Das Schulhaus, über das man zunächst so glücklich war, war doch nach 60 Jahren zur Unterbringung von schließlich 5 Klassen völlig überfordert. Die vier relativ kleinen Schulzimmer im 1. und 2. Stock waren jämmerlich überbelegt, eine inzwischen gebildete 5. Klasse mußte ausgelagert werden. Hinter dem Haus Grüsser (Marktplatz Nr. 4) befand sich der Schulgarten, der bei dem ansteigenden Gelände sowieso ungeeignet war. So war es höchste Zeit, daß die Schule 1876 in das neu errichtete Haus an der Pfarrkirche, in das auch der Magistrat einzog, übersiedeln konnte. Es war das heutige Rathaus.

Die Metzgergasse
Ausbau zur Straße

Zur „Flaniermeile" in Berchtesgaden, die aus geographischen Gründen nicht ausgedehnt sein kann, gehört die früher sog. „Metzgergasse". Daß diese relativ breite Parallelstraße zum Marktplatz als „Gasse" bezeichnet wurde, ist zunächst nicht recht verständlich, hat aber seine historischen Gründe.

Diese breite Fußgänger- und Geschäftsstraße war in früheren Zeiten eine schmale, enge, schmutzige, auch übelriechende Gasse. Sie war auf der einen Seite von Fleischbänken, also Metzgerläden und Schlachtereien, eingeengt, von der anderen Seite von Neben- und Rückgebäuden z.B. des Hotels Post, so etwa von einem Eiskeller und von Stallungen. Auch Unrat und Abfallhäufen wurden an den Mauern abgelagert. Zwischen den Fleischbänken und den Rückfronten der Wohnhäuser auf der Nordseite der Gasse (Hirschenhaus, Kerschbaumer u.a.) befand sich ein Hofraum, durch den ein Bach, der sog. „Kupplerbach" (auch"Kupplergraben", „Kuglergraben") in einem mehr oder weniger tiefen Einschnitt lief. Der nun schon recht tiefe Graben wurde beim Hirschenhaus mit einer Brücke überquert, die auf verschiedenen alten Stichen deutlich abgebildet ist. Sie war überdacht und ruhte auf massiven Pfeilern. Sie war für die Bewohner des Marktes und des Kloster - bzw. Residenzareals von großer Bedeutung. Ein Vers an einer Hausfront wies darauf hin: „Dem Stift zur Huth gen Fehd und List / Ain Graben allda g´wesen ist, / Den man mit Kunst hat erst verpauet / Seit Fürst und Volk sich eng vertrauet."

Später wurde der Bach kanalisiert und der Bodeneinschnitt eingeebnet. Der Neuhausgarten, ursprünglich ein stark abfallender Hang, wurde mit den Abbruchsteinen der Stiftstürme aufgefüllt, die Brücke abgerissen, da unnötig geworden. Der tiefe Graben südlich der Residenz blieb erhalten, es wurde an ein Wildgehege dort unten gedacht, so wie es bereits im 15. Jahrhundert eines gab, das mit Gemsen, Hirschen, vielleicht auch Bären, besetzt war. So blieb im großen und ganzen der Zustand der Metzgergasse bis in die 30er Jahre des vorigen Jahrhunderts, dann allerdings entschloß man sich zu einem grundlegenden Ausbau.

Der Gedanke, diese enge und unschöne Gasse zu verbreitern und zu sanieren, bestand schon seit längerer Zeit. So gibt es aus dem Jahr 1907 eine Skizze, in der die Metzgergasse in einer Breite von 4.5 m und entsprechender Baulinie eingezeichnet ist. Und in einem Schriftstück von 1911 heißt es, daß das öffentliche Interesse, die Feuersicherheit, der Verkehr und die Schönheit diese Verbreiterung auf 4,5 m Straßenbreite verlangten. Aber obwohl dieser Gedanke und seine Verwirklichung unausweichlich waren, ließ man es zu, daß diese Gasse 1925 weiter verbaut wurde. 1933 wurde der Gedanke wieder aufgegriffen und in den Jahren 1937-40 kam es zu einer erstmaligen gründlichen Bereinigung dieser Gasse, der dann auch die Metzgerläden zum Opfer vielen. An ihrer Stelle wollte man „einige oder mehrere" Geschäfte errichten, ließ dann aber diesen Plan wieder fallen. Die neue Baulinie richtete sich nach der denkmalgeschützten Fassade des Hirschenhauses. Ein Bürgersteig wurde geplant und man beschloß, ihn bis 1953 zu schaffen. Die Metzgergasse wurde nun als Bundesstraße Nr. 20/305 klassifiziert, in ihr aber blieb wegen parkender Fahrzeuge oft nur eine 2m breite Fahrspur, was erhebliche Verkehrsstockungen zur Folge hatte. Das waren nun weiß Gott keine idealen Zustände. Die Baumaßnahmen (Grundabtretungen, Straßenerhöhung, Betonstützmauern u.ä.) verlangten von den Anliegern vielfach beträchtliche Kosten.

Aber auch das war noch nicht das Ende der Modernisierung. Die Metzgergasse wurde in die Fußgängerzone mit einbezogen. 1978 war der Ausbau des Fußgängerbereichs vollendet, am 30. Juni wurde er festlich eröffnet und eingeweiht. Seine Errichtung hatte insgesamt 2,416 Millionen gekostet.

Die Metzgerstraße ist zu beiden Seiten von Geschäften besetzt und stellt in ihrer Breite fast eine „Platzstraße" dar. Nichts erinnert mehr an die frühere enge, unschöne Gasse, und man kann sich diesen früheren Zustand kaum vorstellen. Die Umwandlung dieser ehemaligen „Metzgergasse" in die heutige Flaniermeile ist wohl eines der augenfälligsten Beispiele der städtebaulichen Veränderungen, denen Berchtesgaden in den letzten 100 Jahren unterzogen wurde und die dem Markt sein heutiges Gepräge verliehen.

Die Fleischbänke in der Metzgergasse

In den mittelalterlichen Märkten und Städten hatten sich die Gewerbetreibenden und Handwerker oft straßenweise angesiedelt. So gab es eigene „Lederer"-, „Schmiede" usw. Gassen. Während in dem kleinen Berchtesgaden die Gewerbe mehr planlos verteilt waren, hatten sich, wenn auch später, die Metzger doch in der „Metzgergasse" zusammengefunden. Die Metzger - es waren Mitte des 17. Jahrhunderts fünf - schlachteten ihr Vieh und verkauften die Fleisch- und Wurstwaren zunächst auf der Brücke, die über den Kupplergraben führte (1571 „Hausbrücke" genannt). Gerade für die Metzger bzw. „Fleischhacker" waren seit alters die Hygienevorschriften ziemlich streng und bereits in den alten Markt- und Bürgerordnungen verankert. Die Schlachtungen durften nicht zu Hause stattfinden, sondern mußten öffentlich an den Fleischbänken geschehen. Gerade in heißen Sommertagen war die Gefahr, daß Fleischwaren verdarben, besonders groß. So mußte denn auch das „Lebendtig,

Metzgergasse 1934 vor Abbruch
der Fleischbänke

alß abgeschlachte Vüch von beeden burgermaister jedesmahl fleissig besichtiget" werden. Insgesamt befaßten sich in der Markt- und Bürgerordnung von 1691 acht Paragraphen, z.T. sehr ausführlich, mit den Metzgern und ihrem Gewerbe.

Alte Metzgergasse: re. Metzger Schreiner Eiskeller, li. Kerschbaumer Rückfront, hinten Metzgerstände, 1934

Um 1820 gab es wegen der Fleischbänke auf der Brücke größere Schwierigkeiten: Die „alten dem Einsturz drohenden Fleischbänke" konnten aus hygienischen und gesundheitspolizeilichen Gründen nicht mehr genügen. Auch plante die Saline die Erweiterung der Straße zum Marktplatz. Dazu war von der Regierung, Kammer des Innern, eine geharnischte Beschwerde an das Landgericht Berchtesgaden erfolgt: „Aufmerksam gemacht auf die Geschmacklosigkeit und Baufälligkeit der hölzernen Metzgerstände und Buden zu Berchtesgaden, welche mitten im Orthe in einer Hauptpassage nahe bey der Resisdenz sehr übel situiert sind, erhält hiermit das k. Landgericht den Auftrag ungesäumt anher zu berichten, ob sich gedachte Stände und Buden nicht auf einen anderen Platz füglich versetzen ließen."

Natürlich ging diese Aufforderung als amtlicher Auftrag unverzüglich weiter an die Verwaltung der Marktgemeinde. Es wurde bei einer Zusammenkunft der Gemeindeverwaltung und der Metzger verfügt, innerhalb 14 Tagen seien die Metzgerbänke „niederzureissen und vom Platz gänzlich wegzuräumen." „Der Neubau muß unverzüglich begonnen und schnell zu Ende geführt" werden. Frau Kerschbaumer muß ihren „am Kupplergraben übel situierten hölzernen Stadl wegräumen und man erwartet, daß sie soviel in ihren Kräften liegt, zur Verschönerung des Platzes als Gemeindmitglied von selbst sich thätig bezeigen wird."

Soweit so gut - wo aber sollten die neuen Metzgerstände aufgebaut werden? Eine Reihe von Vorschlägen kursierten. Da man sich nicht einigen konnte, wurde von den Metzgern „ohne allen Grund und unter ganz nichtigen Vorwänden dieser Bau wieder ganz unvermutet in Stillstand gesetzt, und sie scheinen denselben gar nicht mehr fortsetzen zu wollen." So schreibt die Gemeindeverwaltung ganz empört, und so wurde „bei weiterem Ungehorsam und Widerspenstigkeit eine Exekution"angedroht. Vom Landgericht wurde nun der Platz des Hofmetzgers (neben dem Leithaus) vorgeschlagen, aber da beschwerte sich nun wieder die Leithauswirtin Elisabeth Klausner. Sie befürchtete Einbußen, weil „hohe Herrschaften" gerade in den schönsten Zimmern „durch die übelriechenden Fleischbänke überaus gestört würden." Dieser Platz neben dem Hofmetzgerhaus wies auch noch andere gravierende Mänge auf: „Dieser Platz liegt den ganzen Tag in der Sonne und dem Staub der vorüberführenden Straße zum Leuthaus.- Sollen Fremde durch Metzgerhunde begrüßt, ihre Pferde durch das Gebell und Anfliegen derselben oder das Zetergeschrey und Brüllen der Schlachttiere, den Geruch des Fleisches und aus Nachlässigkeit auf der Straße vergossenen Tierblutes erst scheu gemacht werden... Dazu ist die Vorderseite ein offener Kirchweg... Außerdem laufen gerade dort wo die Bänke stehen sollen die Kloaken des Klausnerschen Gasthofes."(Aus einem Schreiben an das Landgericht)

Als neuer und bester Platz wurde nun von allen Seiten der „Hundszipf" befunden - eben unsere Metzgergasse. In einem langen (15 seitigen!!) Schreiben erörterte die Marktgemeinde die große Bedeutung richtig gelegener Fleischbänke. Es mußte ein Platz sein, an dem das Fleisch am längsten frisch und gut erhalten bleibe „weil sowohl beim Genusse schlechten Fleisches die Gesundheit des ganzen Publikums als auch durch faule Ausdünstungen die der Anwohner in Gefahr geraten würde. Dieser Sorge darf nichts, weder Bequemlichkeit noch Verschönerung noch kleinliche Privatinteressen geopfert werden..." Es handle sich um „eine bleibende Anstalt für das Wohl des ganzen Publikums."

Am 3. August 1820 wurde nun der Bau in der Metzgergasse wirklich begonnen, und zwar erhielten die neuen Fleischbänke festes Mauerwerk, und nur die Vorderseite einen Holzaufbau. In einer ausführlichen amtlichen Darlegung wurden die Vorzüge dieses nun endgültig gewählten Platzes aufgezählt: Die Läden würden nur von der Morgensonne „sparsam" bestrichen, aber nie erwärmt. Die gegenüberliegenden Häuser gewährten Ruhe und Schatten, in dieser Seitengasse gebe es keinen Staub. Wasser sei

Hotel Post zum Leithaus mit Stadel und alter Maximilianstraße (vor 1921)

im Überfluß vorhanden im Kupplergraben. „Sohin sind Kühle und Reinlichkeit, die Hauptbedingungen einer Fleischbank, vorhanden." Viele Jahrzehnte, länger als ein Jahrhundert, blieben die Metzgerläden an diesem Platz. Als 1890 der Schlachthof unten an der Berchtesgadener Ache erstand, hörte wenigstens der Schlachtbetrieb inmitten des Marktes auf.

Dazwischen, 1850, machte die Metzgergasse wieder von sich reden. Einige Anlieger, nämlich der Triembacher Wirt Danzberger, Michael Bauer, der Metzger Stephan Beer und Schuhmachermeister Wilhelm Würz reichten eine Beschwerde bei der Gemeinde ein. Sie klagten, weil schwere Steinfuhrwerke ihre Häuser und Gewölbe derart erschüttern und gefährden, daß sich schon Schäden zeigten. Es waren die Fuhrwerke des Anton Stangastinger, des Besitzers des Kälberstein Steinbruchs, mit denen er durch das schmale Holeisengäßl (so hieß die Gasse damals) „täglich und oft" zur Saline fuhr, und auch der Ramsauer Bauer Joseph Resch, der Steine zum „neuen Königsbau" brachte, nahm diesen Weg. Aus reiner Bequemlichkeit benutzten sie nicht die Hauptstraße durch den Markt, sie wollten am Marktbrunnen „nicht einsperren". Durch diese schweren Fuhrwerke waren auch die Fußgänger in dem schmalen Gäßl gefährdet, weil sie den breiten Wagen nicht ausweichen konnten. Der Beschluß der Gemeinde ließ nicht auf sich warten: Den Fuhrleuten wurde befohlen, „nie mehr durch das Holeisengäßl zu fahren, sondern die Fahrt auf der Hauptstraße durch den Markt zu machen - bei Vermeidung der Anzeige an das k. Landgericht und unter Haftbarmachung für jeden verursachten Schaden."

Der Kupplergraben

An den Kupplergraben erinnert heute nur mehr der tiefe Taleinschnitt an der Südseite des Schlosses. Dieser Graben durchtrennte Berchtesgaden in den früheren Jahrhunderten im Bereich der Metzgergasse. Er war durchflossen von dem sog. Kupplerbach, der unterhalb des Kälbersteinbruchs entsprang. Schon die Bürgerordnung von 1567 nimmt auf ihn Bezug: „.... sollen die so ennhalb des Pachß, der bey dem Pierhauß und Padt herabrinnt...", und auch in dem Merianstich von 1644 ist der Bach eingezeichnet. Der Kupferstich von G. Visher von etwa 1650 zeigt den tiefen Taleinschnitt des Kupplergrabens besonders deutlich.

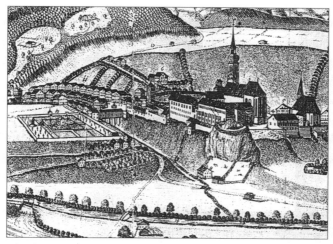

Alter Stich mit Stiftskirche (Nordturm intakt, Südturm nur als Stumpf nach
Blitzschlag 1596), Schloß, Schloßgraben, Brücke über den Kupplergraben
beim heutigen Triembachereck, Wildgehege, Hofgarten
(Kupferstich von Georg Visher, um 1650)

Dieser Kupplerbach war Berchtesgadens Segen und Fluch zugleich. Es gab für den
inneren Markt lange Zeit keine andere Möglichkeit, Abwässer und Abfälle aus dem
Ort abzuleiten, andererseits aber bedeutete dies auch ebenso lange eine hygienisch
sehr problematische Praxis. Vor allem machten es sich die Metzger von den Fleischbänken der Metzgergasse sehr einfach und warfen alle Abfälle einfach in den Bach, der
dann alles, Gedärme und Schlachtblut, wegtransportierte. Es war gut, daß der Bach an
der Rückseite der Markthäuser vorbeifloß, so wurde die Hauptfront, die dem Marktplatz zugekehrt war, weniger belästigt. Allerdings floß der Bach an der Südseite des
Schlosses vorbei, und das mußte automatisch zu Unannehmlichkeiten führen, vor allem, seit Prinzregent Luitpold die Regentschaft in Bayern übernommen hatte und regelmäßig das Berchtesgadener Schloß anläßlich seiner Jagdaufenthalte bewohnte. Der
Magistrat der Gemeinde, der sehr wohl die Unhaltbarkeit des Zustandes einsah,
bekam um 1890 alle Hände voll zu tun. Man hatte das Gerinne schon mit Holz abge-
deckt, mußte aber feststellen, daß die Maßnahme „nicht ganz dem Zweck entspricht"
und den „ekligen, nach Umständen gesundheitsschädlichen Geruch" nicht verhindern
konnte. Man war daher nun, 1890, zu dem Entschluß gekommen, den Kupplergraben
zu überwölben und den tiefen Graben einzufüllen. Dadurch hofften Magistrat und Col-

legium der Gemeindebevollmächtigten (die zwei Kammern der Gemeinde) Platz für öffentliche Anlagen und eine Verschönerung der nächsten Umgebung der Residenz zu gewinnen. Unter Umständen, so dachte man, könnte das auch ein Platz für den Viktualienmarkt werden.

Diese Vorstellungen riefen nun postwendend die Schloßverwaltung und in deren Gefolge die Regierung von Oberbayern und das Bezirksamt auf den Plan. Der Prinzregent stellte zur Bedingung, daß die „Muldenform des Wiesentals" erhalten bleiben müsse, und der Obersthofmarschall Stab beschwerte sich, daß zur Auffüllung des Kupplergrabens Material verwendet wurde, „welches anderweitig zur Anlage von Komposthäufen dient."

Um selbst Sicherheit für die Zukunft und auch Handlungsfreiheit zu erhalten, bemühte sich die Schloßverwaltung, den Kupplergraben als Eigentum zu erwerben. Es sollten dort Gartenanlagen geschaffen werden, die „dem allgemeinen Besuch" geöffnet, und nur bei Anwesenheit des Kgl Hofes zeitweilig gesperrt sein sollten. Man dachte auch an einen Tausch zwischen Kupplergraben und Kugelfeldwiese vor der Kgl Villa. Am Ende längerer Verhandlungen blieb es bei der kostenlosen Abtretung des Kupplergrabens durch die Gemeinde und die Erstattung der Kosten für die bereits erfolgte Überwölbung und Auffüllung des Grabens durch die Civilliste des Kgl Hauses. Sie ersetzte der Gemeinde 3180 M und weitere 600 M für Grundstücksankäufe, die inzwischen die Gemeinde getätigt hatte. Prinzregent Luitpold überließ im Gegenzug die Kugelfeldwiese der Gemeinde zur unentgeltlichen Benützung und errichtete dort eine Gartenanlage aus der eigenen Privatkasse.Für die Marktgemeinde war es bitter, Grund und Boden, der in ihrem Besitz war, inmitten des Ortes zu verlieren. Sie bemühte sich daher in der Folge intensiv, den Rentamtsgarten (Parkplatz am Rathaus) vom Staat zu bekommen, was nun nach längeren Verhandlungen und erfolgtem Umzug des Rentamts auch gelang. Die Kanalisationsarbeiten am Kupplergraben nahmen ihren Fortgang, denn, wie der Prinzregent zu einer Berchtesgadener Delegation sagte: „Der Kupplergraben...sei weder für das Auge noch für die Nase bisher angenehm gewesen."

Offenbar aber war man höheren Orts mit dem Fortgang der Kanalarbeiten nicht zufrieden, denn nun meldete sich das Staatsministerium des Inneren zu Wort: Die Einfüllung des Grabens geschehe in einer Weise, welche zu Bedenken Anlaß gebe. Die Muldenform werde nicht eingehalten und außerdem diene dieser Platz als Sammelstelle von Unrat und Abfällen aller Art. „Der sich dorthin ziehende Wasserablauf wird gleichzeitig von der Gemeinde als Abschwemmkanal von Fäkalien benützt. Der gegenwärtige Zustand am Kupplergraben kann sowohl in Rücksicht auf die Allerhöchste Person Seiner Königlichen Hoheit des Prinzregenten, als auch auf die Einwohnerschaft von Berchtesgaden und die zeitweise dort verkehrenden und sich aufhaltenden Fremden vom Standpunkt der öffentlichen Gesundheits- und Reinlichkeitspflege keinesfalls fortbestehend bleiben." War diese Beschwerde am 9.6.1892 erfolgt, so langte nun am 14.6 die Regierung von Oberbayern kräftig nach und erließ den „sofort auszuführenden Auftrag", die muldenförmige Form herzustellen, Unrat sofort herauszunehmen, den Graben von Fäkalien freizuhalten - andernfalls müßten „disciplinäre Einschreitungen" gegen den verantwortlichen Vorsteher der Gemeinde eingeleitet werden.

Dieses Schreiben war in einem ganz ungewöhnlich scharfen Ton gehalten, und Bürgermeister Schwarzenbeck, der „verantwortliche Vorsteher der Gemeinde", fühlte sich zutiefst ungerecht behandelt. Die Differenzen zwischen der Gemeindeverwaltung einerseits und dem Bezirksamt und der Regierung von Oberbayern eskalierten nun zu

Metzgerstraße beim Triembachereck nach Verbreiterung

Umgebautes Kaffee Forstner (1934), li. Forstamt, hinten Kaserereck und Gasthaus Bier Adam

sehr geharnischten Schreiben und Schritten. Aber letzten Endes zog Berchtesgaden den kürzeren, der Ober sticht halt den Unter. Es war eben für Berchtesgaden nicht immer von Vorteil, daß es innerhalb seiner Mauern das Bezirksamt und die Residenz hatte,weswegen die Gemeindeverwaltung stets unter Kontrolle stand.

Bürgermeister Schwarzenbeck legte in einem mehrseitigen Rechtfertigungsschreiben vom 21.6 minutiös den Verlauf der Verhandlungen mit dem Oberstmarschall Stab und die vielseitigen Bemühungen der Gemeinde dar, die auch in immer erneuten Sitzungen der beiden Gremien den Wünschen des kgl Hofes nachzukommen trachtete. „Inwiefern die Gemeinde kein Entgegenkommen gezeigt und Bedingungen gestellt haben sollte, welche als unannehmbar und den Allerhöchsten Intentionen gegenüber im hohen Grade befremdend erschienen sind, kann die Gemeinde Vertretung auch nicht im Geringsten einsehen. Die Gemeinde tue alles, was in ihren Kräften steht, den Zustand des Kupplergrabens zu verbessern." Schwarzenbeck betonte, daß die Verschmutzung des Kupplergrabens durch Fäkalien nur von höchstens 3-4 Anwesen erfolgte, die überhaupt keine Abortgruben anlegen könnten. Seit Inbetriebnahme des neuen Schlachthauses unten an der Ache gebe es auch keine Abfälle mehr von Fleischbänken. „Dagegen dürfte aber auch bei dem ärarischen mit Fäkalien geschwängerten Klosterbach, der seit Jahren ruinös ist, das Typhusgespenst heraufbeschwört, einen großen Teil des Marktes und das Königl. Schloß durchzieht, aus ebendenselben Gründen Wandel geschaffen werden". Seinen Unwillen zeigte der Bürgermeister auch dadurch, daß er sein Schreiben mit dem bloßen, kurzen „Gehorsam! Schwarzenbeck" beschloß.

Das Bezirksamt ließ sich nicht erweichen und blieb auf seiner harten Linie. „Der gegenwärtige Zustand des Kupplergrabens ist unhaltbar!" Dort müsse eine Verbotstafel mit Strafandrohung angebracht, eine strenge Kontrolle auch zur Nachtzeit durchgeführt werden. Über den „Vollzug dieser Aufträge ist binnen 14 Tagen zu berichten."

Das Bezirksamt zeigte sich nach wie vor trotz pünktlicher und genauer Befolgung der Aufträge unbeeindruckt und verlangte weiterhin strengste Durchführung und Befolgung des ortspolizeilichen Verbots des Einfüllens von Unrat und Abfällen, da, „wie der Augenschein erwies, trotz bestehenden Verbotes Einwerfung von Unrat neuerdings erfolgte...Außerdem ist alsbald eine förmliche Auskehr des Kanals, soweit er zugänglich bzw schliefbar ist, anzuordnen, der herausgekehrte Schmutz und Unrat ist aus dem Markte zu entfernen. Sodann hat eine periodische kräftige Durchspülung des Kanals vermittels Einleitung des Wassers aus dem gemeindlichen Hydranten zu erfolgen und ist solche namentlich vor und während der Anwesenheit seiner Königlichen Hoheit des Prinzregenten häufig zu betätigen."

Das Bezirksamt Berchtesgaden und die Regierung von Oberbayern ließen auch in der Folge nicht nach mit dem Druck, den sie auf die Gemeindeverwaltung ausübten. Vor allem ging es jetzt um die Kanalisation, die auf „richtiger wissenschaftlicher und technischer Grundlage" geschehen müsse. Die Arbeiten an der unteren Strecke der Kanalisation, die nun nicht mehr nur bis zum Mühlbach, sondern bis zur Ache geführt werden sollte und von der Münchner Firma Grässel gebaut wurde, zogen sich hin bis in die Mitte des Jahres 1893. Aber selbst in diesem Jahr entdeckte eine Kommission trotz aller Anstrengungen der Gemeinde und aller, auch nächtlicher, Kontrollen, unter den Fenstern der Königlichen Residenz alte Töpfe, Blechbüchsen und ähnliche Abfälle.

Es ist verständlich, daß angesichts dieser aktenmäßig belegten Geschichte bzw Geschichten der Bürgermeister Jakob Schwarzenbeck genug von seinem Amt hatte, das ihm soviel Ärger eingebracht hatte. Jedenfalls finden wir ab 1893 Josef Kerschbaumer als Bürgermeister von Berchtesgaden.

Der Brotladen

Dem Brotverkauf in Berchtesgaden war von der Stiftsherrschaft schon früh besondere Aufmerksamkeit zugewandt worden, wie die Markt- und Bürgerordnungen zeigen. In der Marktordnung von 1618 heißt es in Artikel 22, daß die Fragner das Brot bei den zwei Bäckereien „zu Pfister und Fronnreit zu kauffen" hatten, in der Markt- und Bürgerordnung von 1691 werden vier Bäcker genannt, nämlich „zu Pfister, Fronnreith, im Graben (am Gernerbach) und zu Illsankh". Während auch hier angeordnet wurde, daß die Fragner (Krämer) das Brot dort zu holen und kaufen hatten, wurde daneben zur besseren Brotversorgung der Marktbewohner ein „Brotladen" eingerichtet, den die vier Weißbäcker mit Semmeln und Weißbrot beliefern mußten. Ein „Brotsitzer" oder auch „Brothüetter" war als Verkäufer angestellt und wurde von den Bäckern bezahlt. Es mußte damals viel Brot - auch das einfache Schwarzbrot - geliefert werden, denn der Markt war außerordentlich dicht bevölkert. Um 1700 wohnten nicht weniger als 750 Menschen im Markt. Zu ihrer Versorgung mußte auch Brot, vor allem aber Mehl, eingeführt werden, da der Anbau von Getreide in diesem Gebirgsland zu gering war.

Als dann im 19. Jahrhundert die Schranne aufgelöst wurde wegen „Unbedeutendheit der Zufuhr und da größtenteils nur mehr Mehl eingeführt wird", wurde eine „Verbrauchssteuer für Brot und Mehl" angeregt. Um darüber einen Beschluß fassen zu können, wurde eine Gemeindeversammlung einberufen. Von den 126 Stimmberechtigten waren 87 erschienen, von denen 84 für die Steuer stimmten. Die Steuer betrug 20 Pf für 50 kg Mehl und 30 Pf für 50 kg Brot. Die Eintreibung dieses Mehl- und Brotaufschlags wurde versteigert („Frauen sind von der Versteigerung ausgeschlossen."). Der Kaufmann Joh. Bapt. Werner erhielt für 957 M den Zuschlag (1884). Dieser Getreide- und Mehlsteuer unterlag a) alles in den Marktbereich eingeführte Getreide, wie Weizen, Korn, Gerste (außer zur Malzbereitung), b) alles in den Marktbereich eingeführte Mehl und Brot.

Aber zurück zum Brotladen. War das Brothaus zunächst in den Gewölben des Labermayr-Hauses untergebracht, so wurde später an dessen Ostseite ein eigener Laden angebaut. Allerdings gab es wegen des Brothauses auch Schwierigkeiten. 1830 richtete die Gemeindeverwaltung an das Landgericht einen Antrag um Aufhebung und Schließung dieses Brothauses. Die Brotsitzerin war gestorben und seither war das Brothaus unbesetzt und abgesperrt. Die Bäcker mußten 20 Gulden Miete jährlich für „das

Lokale" zahlen. Die Gemeinde bezweifelte überdies die Notwendigkeit eines solchen Brothauses: alle 10 Fragner im Markt hatten Brotniederlagen, auch die vier Weißbäcker verkauften in ihren eigenen Läden ihr Brot. Es bestand also kein Mangel an Einkaufsmöglichkeiten. Dazu war der Absatz im Brothaus recht gering, täglich wurde etwa nur für einen Gulden Brot verkauft, nur an Sonn- und Feiertagen wurde mehr Brot verlangt. Zeitaufwand und Beheizung lohnten sich daher nicht.

Dieser Antrag der Gemeindeverwaltung wurde allerdings von dem Berchtesgadener Landgericht abgelehnt: eine Aufhebung des Brotladens sei wegen des „anerkannten Nutzens" nicht zu verantworten. Es wurde auch darauf hingewiesen, daß andere Gemeinden, die kein solches Brothaus hatten, sich um ein solches bemühten. Die Stadt München z. B. habe für ihr Brothaus eine „Brothausordnung" mit 37 ausführlichen Paragraphen erlassen. „Das hiesige Brothaus hat sonach auch ferner zu bestehen. Daß sich nicht ein Individuum finden sollte, welches den Brothüterdienst im Brothause gerne versähe, ist nicht zu gewärtigen." So mußte das Brothaus weitergeführt werden, trotz der gelegentlichen Mißstände und Nachteile für die Bäcker. Diese mußten übriggebliebenes altes Brot auf eigene Kosten zurücknehmen, auch wenn „es von Meüßen benagt" war.

Bis 1846 hatte man in Berchtesgaden nach Salzburger Brottarifen gerechnet und wich damit von fast allen Brotsatznormen Oberbayerns sehr wesentlich ab. Da aber die Beziehungen zum benachbarten Salzburg „längst untergegangen" waren, wurde nun der altbayerische Brottarif eingeführt. Die Neueinführung galt für „Semmelbrot, Weizenboll (Laibl)-Brod, Lehnlaib-Brod". Für Röggl-Brot und Mehl galt der alte Tarif noch bis 1867. Für diese Beschlüsse waren die Bäcker und Müller wiederholt zusammengerufen worden.

Über das Ende des Brotladens ist Näheres nicht bekannt. Es exis-

Hotel Post, Maximilianstraße, alter Postpark (heute Omnibusparkplatz, Ein- und Ausfahrt Tiefgarage)

59

Kurpark m. Lesehalle

Alter Kurpark mit Lesehalle, 1907 erbaut

tiert ein Bild vom Ende des 19. Jahrhunderts, auf dem das Brothaus noch zu sehen ist. Bei Verbreiterung der Straße wurde es dann abgerissen - es hatte sich auch weiß Gott überlebt.

Schlittschuhlaufen im alten Kurpark (Foto 1926)

Vom Hofgarten zum Kurgarten

Am 28. Januar 1806 kaufte Andre Mayr, Besitzer des Rosenhofes, das sog. „Hofgartenanwesen", das in der Kaufurkunde folgendermaßen beschrieben wurde: „Der sogenannte Hofgarten, bestehend in zwei Tagbau, welcher im Vieregg angebracht und mit 7 Schuh hoher Mauer versehen ist, dann die Behausung, Glass- und Waschhaus..." Das Wohnhaus war „halbgemauert", der Kaufpreis betrug 1400 fl. Als 1803 der souveräne Kirchenstaat Berchtesgaden aufhörte zu bestehen, wurde, wie auch sonst in Bayern, infolge der Säkularisation viel klösterlicher Besitz von Privatleuten aufgekauft, meist zu verhältnismäßig niedrigen Preisen.

Über den alten klösterlichen „Hofgarten" ist verhältnismäßig wenig bekannt. Der berühmte Merian'sche Stich von 1644 zeigt ihn zwischen Griesstätter- und Ganghoferstraße. Er reicht bis über den Berghof - Bichl hinaus, schließt also diesen noch mit ein, und ist mit einer Mauer eingefaßt. Auf diesem Stich mit dem Titel „Stifft und Marckt Berchtersgaden" ist der Garten in Beete eingeteilt, beim „Belchhoffer pichel" ist ein

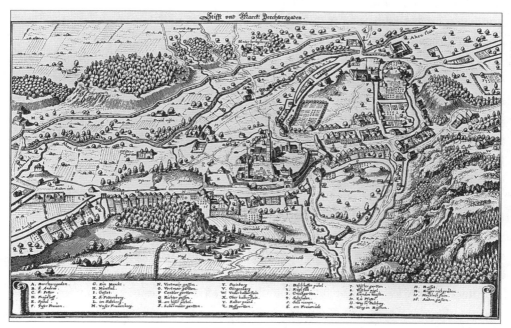

Der berühmte Stich von Matthaeus Merian, 1644

61

Wäldchen eingezeichnet. In einem Vortrag, veröffentlicht in der Bergheimat 1931 S. 55, teilte J.B. Frey manche Einzelheiten zu diesem Hofgarten mit, der eine „ziemliche Ausdehnung" aufwies. „Außer Nutz- und Zieranlagen enthielt der Garten eine Orangerie und ein Wärmehaus, eine Art Wintergarten." Auch „eine prächtig gelegene Schießstätte" war in dem Garten, „das Ziel stand etwa an der Stelle des heutigen Hotels Watzmann." An anderer Stelle (A. Linsenmayer, Bergheimat 1938 S. 27) wird die Orangerie auch „Pomeranzenhaus" genannt, für das im Jahre 1711 ein eiserner Ofen angeschafft wurde, der 72 fl. gekostet hatte. 1710 war der stiftische Hofgärtner mit dem Zimmermeister nach Salzburg geschickt worden, um sich dort über Anlage und Unterhalt einer Orangerie zu informieren. Dieser Hofgarten ging auf die Pröpste Wolfgang Lemberger (1523-41) oder Wolfgang Griesstätter (1541-67) zurück (W. Brugger in „Geschichte von Berchtesgaden, Bd I S. 1100).

Sabine Falk-Veits geht in ihrem Beitrag zu dieser Geschichte (Bd II/2 S. 1098) kurz auf diesen Hofgarten ein, den sie aber nun „zwischen Residenz und Franziskanerkirche gelegen" beschreibt. Das ist nun auch der Hofgarten, den 1806 Andre Mayr kaufte, und der heutige Kurgarten. Mayr verkaufte 1824 das Waschhaus seines neu erstandenen Gartens um 1055 fl, 1833 wurde ihm die „Grundobereigentumsablösung" gegen 100 fl genehmigt.

Es war auch festgelegt, wieviel Wasser er beziehen durfte. So waren ihm „8 Steften" = 16 Liter pro Minute zugestanden, die in zwei Röhren in den Garten flossen. Nach dem Ableben ihres Ehemannes übernahm die Witwe Monika Meier, die „verwittibte Hofgärtnerin" das Anwesen und übergab es 1838 an ihren Sohn Gupertin. 1855 war Josef Mayr eingetragen als Hofgärtner und Besitzer von Wohnhaus, Stallung, Holzlege, Heulage und Treibhaus samt Hofraum. 1892 erlaubte er der Post Drähte und Träger auf seinem Grundstück zu errichten.

1899 nun änderte sich die Situation vollständig, denn nun erstand das Haus Wittelsbach, d. h. die königliche Civilliste (die private Besitzverwaltung, der sog. „Obersthofmarschall-Stab" den Hofgarten, der seinen Namen behielt, gelegentlich auch „Schloßgarten" genannt wurde. Allerdings war das „Hofgärtner Anwesen" in einem „höchst bußwürdigen" Zustand, was vor allem auf die Einfriedungsmauer zutraf. Für die Herstellung dieser Mauer waren 1000 M nötig, für den unvermieteten Laden und einen Abort mußten 250 bzw. 285 M aufgebracht werden. Die Schloßverwaltung war vor allem darauf bedacht, auf der Südfront des Schlosses eigenen Besitz zu schaffen, und so hatte man schon 1892 von der Marktgemeinde die Kupplergraben Wiese erstanden. Es handelte sich dabei um die zwei Plannummern 11 und 12 zu 0,146 und 0,089 ha, die nun gegen Bezahlung von 3780 M in den Schloßbesitz übergingen. 1899 ergab sich, jedenfalls nach dem Tode des Josef Meier, die Gelegenheit, den Hofgarten zu erwerben. Dies war besonders deshalb wichtig, weil die Schloßverwaltung, respektive Prinzregent Luitpold, den größten Wert darauf legten, von den Fenstern des Schlosses aus den freien Blick auf den Watzmann auch für die Zukunft zu sichern.

1904 kam es von Berchtesgadener Seite wegen des Hofgartens zu einer geharnischten Klage: „Von den Bewohnern der Maximilianstraße wird darüber heftig Beschwerde geführt, daß bei der jetzigen Jahreszeit von dem Hofgartenanwesen ein Geruch verbreitet wird,... und in dem angrenzenden Postparke ist es gar nicht zum Aushalten in Folge des penetranten Geruches". Was war geschehen? Der Hofgärtner hatte „den Stallmist getrocknet und das verbreitete diesen bestialischen Gestank, was für einen Kurort von nachteiliger Wirkung ist." Auch die Marktgemeindeverwaltung wandte sich an die Schloßverwaltung bzw. an den Obersthofmarschall Stab in München und wies mit Nachdruck darauf hin, daß die Sommergäste die Baumgartenallee und den Postpark nicht mehr besuchen. „Der landwirtschaftliche Betrieb des Hofgartens soll sich nicht verspürbar machen."

So schön und ehrenvoll es war, daß man inmitten Berchtesgadens das königliche Schloß hatte und immer wieder den Prinzregenten und andere Mitglieder des Wittelsbacher Herrscherhauses zu längeren Aufenthalten erwarten durfte, so hatte es doch auch gerade deshalb der gemeindliche Magistrat nicht immer leicht. Vor allem die doch recht hohe und stabile Hofgartenmauer störte an den verschiedensten Stellen. So waren z. B. die Wegeverhältnisse von der Metzgerei Langwieder zum Friedhof bei Schneeschmelze und länger anhaltendem Regen „denkbar schlimm". So richtete 1917 die Gemeinde eine - allerdings erfolglose - Bitte um eine geringe Zurückversetzung der Mauer an die Schloßverwaltung. Die Maximilianstraße von ihrem Beginn bei Langwieder bis zur Lesehalle war den Anforderungen des Verkehrs keineswegs gewachsen. Bei einer Breite von 4 m spielte sich dort der gesamte Fuhrwerksverkehr vom Bahnhof durch den Markt und nach Bischofswiesen ab, d. h. Lastwagen, Droschken und Autos mußten hier durchgeleitet werden, und zu gleicher Zeit mußten mangels einer „Fußgängerbank" die Personen, „welche hier zum Lesesaal, zur Franziskaner Kirche, zum Friedhof, Bahnhof und zur Post streben, die Straßenbahn benützen". Bei schlechtem Wetter und aufgeweichter Straße waren diese mißlichen Umstände noch viel schlimmer. Es konnte jedoch keine Abhilfe geschaffen werden, da die Schloßverwaltung bzw. deren übergeordnete Stelle damit „nicht behelligt" werden wollte.

Nach dem Ende des ersten Weltkrieges und dem Ende der Monarchie 1918 erfolgte ein Auseinandersetzungs-Vertrag zwischen dem Staat und dem Hause Wittelsbach um die Ablösung des wittelsbachischen Hausvermögens, wobei das Schloß Berchtesgaden Kronprinz Rupprecht und dessen Familie zufiel. Für die Verwaltung des Schlosses war nun der sog. Wittelsbacher Ausgleichsfond zuständig. An diesen wandte sich 1924 der Berchtesgadener Gemeinderat um eine eventuelle „eigentümliche Überlassung" des Hofgartens. Man war zu dieser Bitte gekommen angesichts der oben geschilderten Schwierigkeiten und der Tatsache, daß für den mehr und mehr anwachsenden Straßenverkehr geeignete Straßenverhältnisse geschaffen werden mußten. Diese erste Anfrage wurde allerdings brüsk abgelehnt: „Man sehe sich nicht in der Lage, mit dem Gemeinderat in Verhandlungen einzutreten". Da für Berchtesgaden die Frage eines Kurhausbaues dringend wurde, machte jedoch der Ausgleichsfond das Angebot, einen Teil des Hofgartens an die Marktgemeinde abzugeben, und zwar 4000 qm zu 180.000 M. Die Gemeinde mußte das ablehnen, denn ein Kurhausbau wäre für sie unerschwinglich geworden: „Ein Kurhausbau auf diesem Gelände käme, da auch noch mehrere alte Gebäude abgebrochen und abgelöst werden müßten, einschließlich Inneneinrichtung auf rund 650.000 M... Außerdem würden die auferlegten Baubeschränkungen kaum eine befriedigende Lösung ermöglichen".

Was bisher ganz unwahrscheinlich schien, 1936 wurde es möglich: Am 29.12.1936 ging durch notariellen Kaufvertrag der Hofgarten in den Besitz der Marktgemeinde Berchtesgaden über. Ein Gelände von 0,871 ha, bestehend aus Garten- und Verkaufshaus, Türmerhaus, Stallgebäude, Schupfen wurde nun für den Preis von 121.270 M an Berchtesgaden verkauft. Außerhalb des notariellen Kaufvertrags wurden noch berechnet: die Registrierkasse (250 M), ein alter Schrank (25), 200 Ztr Koks (350). Davon wurden abgezogen 393 M für inzwischen verkaufte Blumen, nämlich 170 Cyclamen, 65 Azaleen, 50 Primula u. a. Der Vertrag enthielt eine Reihe von Bedingungen, denn dem Verkäufer war vor allem daran gelegen, sich den ungehinderten Ausblick aus den Fenstern des Schlosses zu erhalten. So durften in einem mittleren Sektor des Gartens außer gärtnerischen Anlagen nur Bauten wie Pavillons, Laubengänge, Denkmäler u. a. errichtet werden, sofern sie eine Höhe von 6 m nicht überschritten. In einem im Südwesten des Gartenareals gelegenen Eck, in dem sich zur Vertragszeit das Stallgebäude und der Schupfen befanden, durften eventuelle Bauten nur bis zur Firsthöhe dieser Gebäude erstellt werden.

Ein besonderes Anliegen war es dem Wittelsbacher Ausgleichsfond, daß der Gartenmeister Wilhelm Schwäble als Gemeindebeamter übernommen wurde. Das wurde natürlich zugesagt, und so war Schwäble nun Beamter der Gemeinde mit allen Rechten, auch Versorgungsansprüchen. Auch bei der Wohnungssuche, dem Umzug und der Einrichtung wurde er - letzteres allerdings in Grenzen - unterstützt.

Luftbild von Berchtesgaden mit neuem Kurpark und Friedhof bei der Franziskanerkirche
(Foto: Cramers Kunstanstalt Dortmund)

Woher nahm auf einmal die Gemeinde das viele Geld? Man hatte in diesem Jahr die Locksteinwirtschaft und das dazugehörige Areal verkauft und den Erlös von 80.000 M „zum Erwerb des Hofgartens als Kurpark verwendet". Im Protokoll der Gemeinderatssitzung vom 29. Juli 1936 ist zu lesen: „Der Besitz eines würdigen Kurparks ist für Berchtesgaden von lebenswichtiger Bedeutung, weil der immer mehr zunehmende Kraftwagenverkehr eine Unruhe und einen Lärm in den Ort und eine Abwanderung der Fremden in die umliegenden Gemeinden bringt, so daß das Bedürfnis nach einem geeigneten Kurpark, in dem der Fremde wirklich Ruhe und Erholung findet, greifbar geworden ist..." Um den Preis wurde noch gestritten und gefeilscht, aber man einigte sich dann doch verhältnismäßig rasch und zu beider Zufriedenheit. Offenbar zog sich der Wittelsbacher Ausgleichsfond, d. h. aber das Haus Wittelsbach, aus Berchtesgaden, das nun Nebenresidenz des „Führers" geworden war, so weit wie möglich zurück.

Zu einem Kurpark gehört normalerweise auch ein Kurhaus. Damit hatte es allerdings in Berchtesgaden seine eigene Bewandtnis. Nachdem 1906/07 im Postpark bereits eine Lesehalle erstanden war, wollte man am Ende der 20er Jahre auch ein richtiges Kurhaus, natürlich mit großem Saal und Restauration. Die Berchtesgadener Wirte aber wollten eine solche Konkurrenz nicht dulden und unternahmen alles, um es zu verhindern. 1929 konnten sie befriedigt feststellen: „Unseren Bemühungen ist es gelungen, die Durchführung des Kurhausprojekts zu Fall zu bringen". So kam es 1930 zu der Minimallösung eines Kurhauses mit 450 Sitzplätzen, das vornehmlich als Kino benutzt wurde. Nachdem 1964 das Hotel Stiftskeller von der Gemeinde gekauft werden konnte, erstand dort nach aufwendigen Bauarbeiten (u. a. 30 m tiefe Betonpfähle

Kurpark mit Blick zum Watzmann

zur Festigung des Baugrundes) das neue Kurhaus, das 1973 seine Pforten öffnete. Wenn es auch viel Kritik, vor allem an seinem „Outfit", gegeben hat, so ist es doch ein viel genutzter, nicht wegzudenkender Schauplatz mannigfachster Unternehmungen geworden, vielleicht kann man sogar sagen, ein gesellschaftliches Zentrum.

Bei dem Kaufabschluß 1936 war sich die Gemeinde über die Gestaltung des zukünftigen Kurgartens noch nicht im klaren, Gartenbauunternehmen aus ganz Deutschland, die sich um den Auftrag für die Gartenanlage bewarben, erhielten den Bescheid, daß innerhalb der nächsten drei Jahre nicht daran zu denken sei. Inzwischen aber war der Krieg ausgebrochen, und der Garten wurde wie bisher zur „Pflanzenanzucht" und als „Handelsgärtnerei", d. h. als Gemüse- und Blumengärtnerei genutzt. Allerdings ergab sich innerhalb der Jahre 1937 bis 1944 trotz intensiver Nutzung ein Defizit von insgesamt 18.999 RM. Der Erlös im Verkaufsladen konnte die Ausgaben nicht decken. So kam 1945 der Plan auf, den Garten vorübergehend zu verpachten, der Gemeinderat nahm aber dann davon Abstand „im Hinblick auf die Unklarheit der gegenwärtigen Verhältnisse" und auf „den vorgesehenen Zweck, hier einmal den schönsten Kurpark Deutschlands gestalten zu können".

Nach dem Krieg und der unmittelbaren Nachkriegszeit wurde es nun Zeit für den geplanten Kurpark. Die Marktgemeinde wurde bei der Anlage und Detailgestaltung von dem Münchner Landschaftsarchitekten Professor Alwin Seifert beraten, der seinen Ehrgeiz darein setzte, keine üblichen Kuranlagen, sondern einen echten Gebirgsgarten zu schaffen. Sein Plan war es, in der Mitte einen großen leeren Mittelraum zu belassen, an den Seiten aber zwei Längsachsen zu errichten, die mit Wasserbecken, Spazierwegen und Baumreihen die Blickrichtung zum Watzmann einnehmen. Ein querlaufendes Wasserbecken, Treppen zur Orchesterbühne und Anpflanzung von wetterbeständigen und heimischen Gebirgspflanzen sollten den südlichen Abschluß bilden. Auf der Grundlage dieses Planes erteilte der Gemeinderat in seiner Sitzung vom 8. September1949 Seifert den offiziellen Auftrag.

Architekt Seifert fertigte peinlich genaue Pflanzenpläne an, in denen die vorgesehenen Gewächse mit ihrer von Seifert bestimmten Stelle angegeben und eingezeichnet waren. So sollten z. B. in dem südlichen Abschlußbeet 52 verschiedene Arten ihren Platz finden. Im Sommer 1951 waren die Hauptarbeiten abgeschlossen. In einer aufschlußreichen Diplomarbeit (2000) stellen die Autoren C. Perl und H. Deiniger fest: „In den folgenden Jahren entwickelte sich der Kurgarten zum Mittelpunkt des gesellschaftlichen Lebens im Kurort und war beliebter Anziehungspunkt bei den Gästen. Bis zu 400 Zuhörer besuchten während der Saison, vor- wie nachmittags, die Kurkonzerte sowie die 40 - 50 Veranstaltungen an den Sommerabenden". Übrigens wurde später aus Kostengründen auf die vielfältigen und unterschiedlichen Gewächsarten verzichtet, und der nördliche Abschluß des Parks wurde neugestaltet.

Kurpark mit Wasserbecken, Kirschbäumen und Figur

Natürlich mußte auch ein richtiger Kurpark-Betrieb organisiert werden. So wurde eine Satzung für die Benützung des Parks erlassen, in der es hieß: „Der Kurgarten ist eine gemeindliche Einrichtung, die jedermann...nach Maßgabe der Bestimmungen dieser Satzung zur Verfügung steht..." Öffnungszeiten, Eintrittspreise (Saisonkarte 3 M, Tageskarte 50 Pf), Verbot der Mitnahme von Fahrzeugen (auch Kinderwagen) und Tieren usw. bildeten den Inhalt der Satzung. 2 Parkaufseher wurden angestellt, die sich an eine eigene längere Dienstanweisung halten mußten. Sie hatten eine eigene Dienstkleidung, bestehend aus Jacke (im Sommer leichtere), Hemd, Hose, Wollbinder, Mütze, Regenumhang. „Geld anzunehmen ohne Eintrittskarten zu geben ist streng untersagt". Während der Kurkonzerte mußte ein Wärter die Wasserfontänen auf halbe Kraft setzen, auf Zeichen des Kapellmeisters wieder voll aufdrehen. Die monatliche Vergütung für die Parkwärter erhöhte die Gemeinde 1956 von 250 auf 270 M. Es mußten Stühle (300 Stück), Sollnhofer Platten für eine Tanzfläche, Quetschkies für die Wege, eine Musikmuschel mit Bedachung usw. usf. angeschafft werden, aber auch Rasenmäher, Papierkörbe, Bänke zwischen den japanischen Kirschbäumen, Illumination. Massenveranstaltungen bei Nacht wie „Festliche Nacht", setzte die Parkleitung ab, da es zu größeren Beschädigungen der Einrichtung gekommen war. Beschwerden gab es, weil keine Hunde an der Leine mitgenommen werden durften und weil der Rasen „nur aus einem Filz von Unkraut und Moos" bestehe. In einer Zuschrift wurde festgestellt, daß die Wasserträgerstatue übeholt werden müßte. „Der Daumen ist abgebrochen, die Jungfrau benötigt dringend eine gründliche Wäsche".

Eine humorvolle Zuschrift , im Berchtesgadener Anzeiger veröffentlicht, soll nicht unterschlagen werden: „Fiele Kurgeste, die wo jetes Jahr nach Berchtesgaden gommen fragen, wo jetzt das Wetterhäusl steht weil Sie nach dem greislichen Wedeer schauen

Alte Bahnhofstraße, Triembachereck, Langwiederhaus
(bei Neugestaltung der Bahnhofstraße abgebrochen)

Ausbau von Bahnhofstraße und Maximilianstraße, Baustelle beim Haus Wernert), im Hintergrund Haus Lidauer

wollen aber ich gann es Ihnen nich sagen weil ichs auch nich weis bitte fragen sie doch den Bürgermeister Bär wann das Häusl wieder gommt und wo es dann stehen wirt". Die neue Wetterstation kostete übrigens 2250 M.

Die Betreuung der gärtnerischen Anlagen war Aufgabe der Gemeinde. Laut Vertrag mit der Kurdirektion erstattete der Fremdenverkehrs-Verband der Marktgemeinde mindestens die Hälfte aller laufenden Aufwendungen, später kam man überein, daß die Gemeinde einen jährlichen Festbetrag erhielt.

Bauarbeiten an der Maximilianstraße am Kurgarten 1962 (Hintergrund Lesehalle)

Der Friedhof am Anger

Berchtesgadens „alter Friedhof" oder „Friedhof am Anger", wie er in vergangenen Zeiten auch hieß, liegt etwas ungewöhnlich inmitten des Marktes. Seine Lage auf einer Terrasse über dem Tal, von dem Kranz der Berge umgeben, ist von außergewöhnlicher Schönheit. Dazu kommt die architektonische und sakrale Einheit von Franziskaner Kirche, dem prachtvollen barocken Turm und dem Friedhof selbst. Auch die Gesamtanlage, die in klare Felder und Achsen gegliedert ist und von einer alten Mauer mit zahlreichen historischen Grabdenkmälern eingefaßt wird, trägt zu ihrem besonderen Rang bei. Dieser Friedhof ist nicht nur ein religiöses, sondern auch ein kulturelles Kleinod, denn er ist ein eminent historischer Ort, ein aufgeschlagenes Geschichtsbuch. Viele bekannte Namen alteingesessener Bürgerfamilien finden sich auf den überlieferten Grabsteinen. Hier wird in einmaliger und eindringlicher Weise Berchtesgadener Geschichte sichtbar. Wer ihn in andächtiger und besinnlicher Stimmung betritt, wer ihn zu Allerheiligen oder Weihnachten geschmückt und mit Lichtern besteckt erlebt, wird zutiefst ergriffen sein von der liebevollen Fürsorge, mit der die Berchtesgadener das Andenken an ihre lieben Verstorbenen pflegen.

Friedhof in Berchtesgaden am Hl. Abend (1931)

Dieser „alte" Friedhof wurde 1685 angelegt, nachdem sein Vorgänger zwischen Stifts- und Pfarrkirche zu klein geworden war, so daß „fast eine Leiche auf die andere gelegt werden mußte", wie es damals hieß. Dieser „erste" Friedhof wurde aber erst 1806 endgültig geschlossen. Während des gesamten 19. Jahrhunderts und selbst in jüngster Zeit aber war der Friedhof an der Franziskaner Kirche umstritten. Stein des Anstoßes für manche Bürger war aus sanitären Gründen die Tatsache, daß er in unmittelbarer Nachbarschaft und Nähe zu den Wohnhäusern liegt. Daß ein Leichenhaus fehlte, war vor allem von den übergeordneten Behörden ein immer wieder beklagter Mangel. Wollen wir uns aus dem reichen Aktenmaterial einen Überblick über die Ereignisse verschaffen.

Nachdem bereits 1808 eine Vergrößerung des zunächst doch zu kleinen Friedhofareals nötig geworden war, fühlte sich König Ludwig von Bayern bald nach seinem Regierungsantritt durch ihn gestört. So erging vom Hofmarschallamt im Rahmen einer allgemeinen Baumpflanzaktion an das kgl. Landgericht folgende Anweisung (1827): „Dem Königl. Schlosse zu Berchtesgaden, und zwar den gewöhnlich von Ihren Majestäten bewohnten Appartements gegenüber liegt ein Kirchhof, welcher sohin unvermeidlich stets die Blicke auf sich zieht. Um diesem Übelstand abzuhelfen, soll nach dem Befehl Seiner Majestät längs der, der Schloßseite zugewendeten Kirchhofmauer eine Baumpflanzung so angelegt werden, daß vom Schlosse aus nicht mehr in den Kirchhof hineingesehen werden kann..." Es sollten durch Regierungs-Anordnung an den Wegen und Straßen des Berchtesgadener Landes, wo immer möglich und erfolgversprechend, Obstbäume angepflanzt werden. Um dem Wunsch (oder Befehl) des Königs nachzukommen, plante Berchtesgaden, an der Friedhofsmauer 14-16 ziemlich hohe Linden, an den Friedhofswegen rechts und links 48 Akazien und 24 Trauerweiden zu pflanzen. Damit - so war man überzeugt - würde der Zweck erreicht und überdies der Friedhof „eine empfehlende Verschönerung gewinnen". Schließlich entschloß man sich, statt der Linden, die schwer zu bekommen waren, 24 Weidenbäume, und an Stelle der Akazien und Trauerweiden an den drei Quermittelwegen „a 24 in allem 72 Kirschen" zu setzen. Das war für einen Friedhof einmal etwas anderes und Apartes! Diese Aktion kostete immerhin 42 Gulden und 21 Kreuzer. Der Dank vom Hofmarschallamt kam denn auch postwendend: „....mit Vergnügen die bereitwilligen Anstalten vernommen, die ... die dortige Gemeinde getroffen hat, und indem man für die so baldige Bewerkstellung geziemendst danket, zweifelt man nicht, daß diese Einleitungen dem gewünschten Zwecke vollkommen...entsprechen werden".

1829 wurde die Erbauung eines Leichenhauses von dem damaligen Kgl „Physikus" Dr. Moritz Mayer „aufs dringendste empfohlen". Die Gemeindeverwaltung und auch das Landgericht erklärten sich aber aus Mangel an finanziellen Mitteln dagegen. Als weiteren Grund nannten sie merkwürdigerweise „Anhäufung von Leichen". Man hatte also in dem immer noch oder wieder zu kleinen Friedhof keinen Platz für ein Leichenhaus, und so war auch das Pfarramt nicht dafür. Wenig später regte der Gerichtsarzt Dr. Zierl erneut die Errichtung eines Leichenhauses an, denn die Leichen brachte man damals im Distriktskrankenhaus unter, (was dann später verboten wurde) oder man bewahrte sie zu Hause bis zur Beerdigung auf, was von den Ärzten zu schweren gesundheitlichen Bedenken und Sorgen führte. Auch in den nächsten Jahren verlangte das Kgl Landgericht immer wieder einen positiven Beschluß der sieben zum Pfarrsprengel gehörenden Gemeinden Berchtesgaden, Au, Salzberg, Bischofswiesen, Gern, Schönau und Königssee zum Bau eines Leichenhauses. Es darf vorweggenommen werden, daß erst am Ende des Jahrhunderts der Bau Wirklichkeit werden sollte.

Um dem Mißstand des zu kleinen Friedhofes abzuhelfen, entschloß sich der Pfarrer und Dekan Forster, der Pfarrgemeinde 1857 einen an den Gottesacker angrenzenden Platz zu schenken, so daß der Friedhof seine heutige Ausdehnung erhielt. In der Schenkungs-Urkunde, die allen 7 zum Pfarrsprengel gehörenden Gemeinden gleichlautend zuging, heißt es, daß es Forsters Wille war, „...das mehrerwähnte Grundstück zur Erweiterung des Gottesackers der Pfarrgemeinde Berchtesgaden Kraft dieser Urkunde zu schenken". Der hochherzige Spender erbat sich lediglich als Gegenleistung „die unentgeltliche Abgabe eines Begräbnisplatzes". Und so wurden seine sterblichen Überreste in einer Kapelle an der östlichen Friedhofsmauer beigesetzt.

Die sieben Gemeinden aber wollten zunächst von einer Vergrößerung des Friedhofgeländes nichts wissen, sie wollten den Platz verpachten und den „Pachtschilling admassieren". Und nun kam ein ganz neuer Gedanke auf, und zwar von seiten des Kgl Bezirksarztes Dr. Spitzel: eine Erweiterung sei aus sanitätspolizeilichen Gründen nicht zu billigen, und wenn eine Erweiterung nötig wäre, müßte der Friedhof an einen anderen Platz „transferiert" werden. Diese Idee einer Verlegung des Friedhofes wird uns noch wiederholt beschäftigen. Zunächst aber verlangte die Regierung die Einfriedung des neuen Begräbnisplatzes, und anscheinend wurde er auch benutzt.

1874 wurde nach einer achtjährigen Pause von der Regierung die Friedhoffrage wieder aufgegriffen, und als Folge wurde in einer „Cumulativsitzung" der Bürgermeister der der Pfarrgemeinde angehörenden sieben politischen Gemeinden und des Pfarrers der Bau eines Leichenhauses beschlossen. Von der Gemeindeversammlung in Berchtesgaden wurde dieser Beschluß mit großer Mehrheit angenommen, von den übrigen sechs Gemeinden jedoch abgelehnt. Angesichts dieser Sachlage erkannte das Bezirksamt, daß „die Erbauung eines Leichenhauses...unausführbar erscheint und bis auf weiteres zu verschieben sei". 1875 erklärte sich zwar die Marktgemeindeverwaltung auf erneute Anregung des Bezirksarztes Dr. Miller bereit zum Bau, die Gemeindeversammlung lehnte ihn aber mit 40 gegen 24 Stimmen ab. Diese Ablehnung wurde jedoch vom Bezirksamt „wegen Mangels der gesetzlichen Voraussetzungen" nicht akzeptiert. Es hatte sich nämlich herausgestellt, daß bei der Minorität fünf, bei der Majorität 14 nicht stimmberechtigte Personen waren - es war also richtiggehend geschummelt worden. Die Gemeinde bat nun um Verschiebung der ganzen Angelegenheit, bis Ende 1881 ein neuer Gemeindeausschuß gewählt sei. Auch wolle man erst die „Möglichkeit oder Unmöglichkeit einer Friedhofverlegung beraten und definitiv erledigen".

Nach weiteren Verzögerungen - vor allem durch Reichstags-, Landtags- und Gemeindewahlen hervorgerufen - bildete sich nun eine Bürgerbewegung heraus, die mit über 60 Unterschriften „gegen die Erbauung eines Leichenhauses in Mitte unseres Marktes" protestierte und einen neuen Gottesacker verlangte. Die Gemeindeverwaltung wollte nun „mit aller Mühe und Unparteilichkeit vorgehen" und rief eine Bürgerversammlung ein, die am 14. März 1882 stattfand. Es wurde dabei ein Aktenaus-

Friedhofsweg (auch „Baumgartenallee"), um 1900

zug über die bisherige Entwicklung verlesen, auch wurden die Gründe für und gegen eine Verlegung erörtert. Die schriftliche Abstimmung in einem Nebenraum (die Stimmenzahl richtete sich nach der Höhe des Steuerbetrags) ergab 17 Stimmen für eine Verlegung, 75 für Belassung des bestehenden Friedhofs. Am 22. März schon folgte eine Sitzung der Gemeindeverwaltung, bei der mit 12 gegen 3 Stimmen entsprechend dem Bürgerversammlungs-Beschluß der Fortbestand des Friedhofs „am Anger" vereinbart wurde. Allerdings vermerkte man in einem eigenen Nachsatz, daß diese Entscheidung vornehmlich aus finanziellen Erwägungen erfolgt sei.

Offenbar aber hatte sich die Lage nach 1882 noch nicht endgültig beruhigt, denn neun Jahre später berichten die Unterlagen erneut vom Friedhof, diesem ewigen Streitobjekt. In diesem Stadium der 'unendlichen Geschichte' machte sich das Gemeinde-Collegium zum Sprachrohr jener Bevölkerungskreise, die den Friedhof aus der Ortsmitte Berchtesgadens weghaben wollten, und beschloß am 4. April 1891 die Verlegung des Friedhofs und forderte gleichzeitig den Magistrat auf, diesem Beschluß beizutreten, was auch zwei Tage später geschah. Nun also war die Gemeindeverwaltung - anders als 1882 - für die Verlegung. Der Berchtesgadener Anzeiger, erst vor kurzem gegründet und noch um Akzeptanz und Anerkennung kämpfend, berichtete in seinen Ausgaben vom 7. und 9. April sehr ausführlich über diesen Beschluß und vor allem über die Gründe, die das Collegium anführte. Diese Argumente aber waren zum großen Teil derart überzogen und unsachlich, daß sie heute nicht mehr nachvollziehbar sind und nur Kopfschütteln erzeugen:

Es sei den in der Nähe in ihren Anwesen lebenden Bewohnern wie auch den Fremden, die sich im Postpark zur Erholung ergehen, nicht zuzumuten, in der unmittelbaren Nachbarschaft eines Leichenhauses, in dem die Leichen lagern, sich aufzuhalten. Vor allem entwarfen die Befürworter dieser Friedhofsverlegung ein wahres Schreckenszenario im Falle einer Epidemie. In einem solchen Fall „wird durch die infizierten Leichen die Krankheit direkt in die Mitte des Marktes getragen...Der Gedanke, daß in nächster Nähe Leichen lagern, vielleicht von ansteckenden Krankheiten infiziert, wird wohl bei Niemandem, am allerwenigsten bei den hohen Herrschaften ein angenehm beruhigendes Gefühl hervorrufen". Und selbst in einer epidemielosen Zeit würden von dem projektierten Leichenhaus, das ganz den „Einwirkungen der Sonne ausgesetzt" ist, die dort „lagernden Leichen eine unsagbare Belästigung für die Anwohner" bilden. Auch die materiellen Interessen der angrenzenden Hausbesitzer wurden angesprochen: „als unvermeidliche Folge werden die Häuser und Plätze ganz bedeutend an Wert einbüßen, das Vermögen der Anwohner wird schwer geschädigt, manche werden vielleicht sogar in ihrer Existenz bedroht, wenn ihre Häuser, was sicherlich eintreten wird, von den Fremden gemieden werden. Die Fremden werden den Ort kaum mit Vorliebe aufsuchen, der ein Leichenhaus mitten in sein Herz aufgenommen hat. Die heiligsten Interessen des Marktes Berchtesgaden stehen im Spiele". Natürlich wurde auch ins Feld geführt, daß der Friedhof an einem besonders schönen und günstigen Platz, an einem der besten Bauplätze, inmitten des Marktes liege und eine bauliche Ausbreitung verhindere.

Als neuer Platz für den Friedhof wurde die Schießstätte vorgeschlagen. Dort seien 3 Tagwerk 59 Dez. zur Verfügung (=1,223 ha), im Vergleich zum bestehenden Gottesacker mit 2 Tagwerk 8 Dez. =0,975 ha. „Auf dem großen trockenen, schattigen Schießplatz könnte auch das dort befindliche Schießhaus sofort ohne größeren Kostenaufwand in ein Leichenhaus umgewandelt werden." Daneben wurde auch das Wemholz in Vorschlag gebracht.

Jetzt eskalierte die Friedhofsfrage sogar zu einer Zeitungsfehde, zu einem literarischen Streit. 1891 war von dem früheren Redakteur des Berchtesgadener Anzeigers, Wilhelm Müller, ein Konkurrenzblatt gegründet worden, das den Namen „Der Watzmann - Berchtesgadener Berichterstatter für Land, Markt und Fremdenverkehr" erhielt. Müller, der offenbar im Streit vom Anzeiger geschieden war, stellte sich nun ganz auf die Seite derjenigen Berchtesgadener, vor allem auch der Bewohner der Landgemeinden, die an ihrem „alten Friedhof" festhalten wollten. Mit dem ganzen Hohn und Spott, dessen er fähig war, bekämpfte er nun die Berichterstattung des Anzeigers über die Friedhof-Angelegenheiten. Sie sei derart, „daß man Bauchweh erhalten müßte...Hat der Berchtesgadener Anzeiger in der Tat geglaubt, daß dieses Zeug mir nichts dir nichts von den Lesern verdaut wird? O du Armer! Selbst im Markt findest du kaum 30 Personen, welche sich mit deinen Ansichten betreffs der Friedhofverlegung einverstanden erklären..." Und Müller wiegelte nun, obwohl er vorgab, eine streng neutrale Zeitung zu verlegen, die Bauern und die Landbevölkerung gegen das Verlegungsprojekt auf: „Der Friedhof gehört nicht der Marktgemeinde allein, sondern auch sechs Landgemeinden". Und nun kam es noch besser: „Unsere Bauern sind nicht so dumm wie man sich vielleicht einbildet, sie sind vielmehr helle auf der Platte..." Warum es schließlich mit der so forsch geforderten Verlegung nichts wurde, geht aus den Akten nicht so klar hervor. Es heißt z. B., daß sich „der Friedhofverlegung unüberwindliche Hindernisse entgegenstellten". Vor allem waren es einige Landgemeinden, die zur „Sepulturgemeinde" (Begräbnisgemeinde) Berchtesgaden gehörten, die sich diesem Plan widersetzten, der ihnen nur finanzielle Aufwendungen gebracht hätte. So ließ man im Jahre 1892 die Angelegenheit auf sich beruhen und im Sande verlaufen. Der Friedhof war fürs erste gerettet, und so rückte wieder der Bau des seit 100 Jahren geforderten Leichenhauses in den Vordergrund.

Allerdings ergab sich sofort ein neues Problem, nämlich wo sollte dieses Haus hingebaut werden? Und nun war es die Friedhofsverwaltung, die offenbar - dominiert von einigen Gemeinden - sich der Bitte des Berchtesgadener Magistrats, einen Platz für den Neubau käuflich abzutreten, widersetzte. Der Markt sollte auf eigene Kosten und allein ein Totenhaus erstellen. Die kirchliche Friedhofsverwaltung beschloß ganz rigoros, „nicht den geringsten Grundkomplex abzutreten". Im „Notfall" sollten die Leichen im Distriktkrankenhaus untergestellt werden. Dies allerdings wurde vom Bezirksamt „nicht nur als unzulänglich sondern auch als gänzlich unzulässig" abgelehnt. 1897 schließlich hatte sich in den Berchtesgadener Gemeindegremien die Erkenntnis durchgesetzt, daß „die Leichenhausfrage mehr und mehr zu einer Existenzfrage" des Ortes und seiner Bewohner wurde. Ein an den Friedhof angrenzendes gemeindeeigenes Grundstück bot sich nun als Bauplatz an. Als im Januar 1898 einige Typhusfälle in der Umgebung Berchtesgadens auftraten, mußte das Projekt beschleunigt werden. Der Instanzenweg, den die Baupläne, die Kostenvoranschläge (erst 8000, dann 9200 M), die Pläne für die Geldaufnahme und die Schuldentilgung nehmen mußten - Bezirksamt, Regierung, Staatsministerium der Finanzen, oberste Baubehörde, Medizinalreferenten - kostete wertvolle Zeit, besonders, da „eine Reihe schwerwiegender Bedenken" erhoben wurden, die erneute Vorlagen erforderten. Die oberste Baubehörde war weder mit der „Situierung" noch mit der Einteilung und architektonischen Gestaltung einverstanden und entwarf eine eigene Skizze. Endlich verlangte sie eine „Anpflanzung von Baumgruppen und Schlinggewächsen", so daß das Leichenhaus „möglichst wenig nach außen in die Erscheinung tritt". Und vom Kgl Obersthofmarschall-Stab erhielt die Gemeinde die Auflage, sich hinsichtlich dieser Anpflanzungen mit dem Hofgärtner ins Benehmen zu setzen.

So war es angesichts dieses Instanzenirrweges kein Wunder, daß abermals ein Jahr vergehen mußte, bis mit dem Bau begonnen werden konnte. Allerdings verwendete die Baufirma solch schlechte Ziegelsteine, daß nach Durchnässung und nachfolgendem Frost Steine und Mörtel völlig zerbröselten. Das Bezirksamt forderte umgehende Ausbesserung bzw. völligen Abbruch. Nach Behebung dieser Panne wurde 1899 das Leichenhaus vollendet und der Benützung zugeführt. Ab 1904 nahm die Marktgemeinde auf Verlangen des Bezirksamtes auch Leichen von den Außengemeinden zur Aufbewahrung an.

Einige Vorfälle, die sich in jener Zeit zutrugen, mögen zum besten gegeben werden. 1819 war das „Kreuz im Freythofe bei den Franziskanern" durch einen heftigen Wind umgestürzt: der unterste Teil des Hauptschaftes war infolge „der Verfaulung" abgebrochen. 1821 leistete sich der Totengräber, der schon bekannt war dafür, daß er sich nicht an Anordnungen der Gemeinde und des Pfarramtes hielt, eine besondere Eigenmächtigkeit. Mitten im Friedhof, an einem „am schönsten zur Anbringung von Gräbern geeigneten Platze" errichtete er einen Heustadel. (Der Totengräber durfte das Heu im Friedhof ernten und verkaufen - eine seiner erlaubten Nebeneinnahmen.) Mit dem Benehmen der Totengräber hatte man auch anderweitig seine Sorgen. Sogar in der Zeitung wurden Klagen laut, daß sie sich unglaublich respektlos und an ihrem Arbeitsplatz unpassend verhielten: So stritten sie sich einmal laut und heftig vor Aufnahme der Bahre und angesichts der ganzen Trauergemeinde, ein andermal traten und stampften sie mit ihren Schuhen den Sarg in die zu klein geratene Grube. Es scheint doch, daß man da nicht die richtigen Leichenträger angestellt hatte! - Verständnis für angemessenes Verhalten schien auch einem anderen Berchtesgadener zu mangeln: Er benutzte den Brunnen bei der Aussegnungshalle als Bad für seinen Hund, dessen Fell er regelmäßig mit Seife und Bürste und allem lauten Drum und Dran säuberte, gleichgültig, ob Leichen im Hause aufgebahrt lagen oder trauernde Angehörige in der Nähe waren. Aber genug nun mit diesen kleinen Geschichten am Rande! -

Es dauerte wieder fast 100 Jahre, bis der Friedhof eine neue Bewährungsprobe bestehen mußte. Trotz der Erweiterung infolge der Forster'schen Schenkung war er zu klein und waren die Verhältnisse durch Überbelegung untragbar geworden. 1948 erfolgte die erste Beisetzung am „Neuen" Friedhof, dem sog. „Bergfriedhof". Mit Wirkung vom 2. Februar 1973 wurde der „Alte" Friedhof am Anger für weitere Bestattungen geschlossen. Die zuständigen Behörden wie Regierung von Oberbayern, das Gesundheitsamt und alle sonstigen Aufsichtsstellen waren einstimmig der Auffassung, daß aus hygienisch-gesundheitlichen Erwägungen eine weitere Benutzung der viel zu engen und kurzen Gräber nicht mehr zugelassen werden durfte, und es wurde eine 12 jährige Ruhefrist auferlegt. Was nun folgte, kann nur mit „Schildbürgerstreich" bezeichnet werden: Da nun die Aussegnungshalle überflüssig war, wurde sie kurzerhand abgerissen - ungeachtet einer möglichen Wiederbenutzung des Friedhofs. Gleichzeitig aber begann ein erneuter Streit um die Existenz dieses Friedhofs, in dem sich wieder Befürworter einer völligen Schließung und endlichen Auflassung und solche einer Erhaltung gegenüberstanden.

Die Gegner des Fortbestandes dieses Friedhofs arbeiteten mit den altbekannten Argumenten, daß er inmitten des Ortskerns nichts zu suchen habe, daß er einer baulichen Weiterentwicklung Berchtesgadens im Wege stehe, daß der Kurpark erweitert werden könnte, oder auch, daß Parkplätze angeboten werden müßten, um den Fremdenverkehr und die Wirtschaft zu beleben. Sie bezeichneten sich als die „Modernen". Ihnen stand eine Protestgemeinschaft gegenüber, die sich unter dem Motto „Aktion zur Rettung des Alten Friedhofs" sammelte. Der Verein für Heimatkunde, der Heimatpfleger, der katholische Pfarrgemeinderat und die Jungsozialisten Berchtesgadens waren Träger und Initiatoren dieser Aktion. Ihr Antrag lautete: „Der Friedhofsverband Berchtesgaden wird nachdrücklich aufgefordert, den alten Friedhof an der Franziskanerkirche in seinem jetzigen Zustand als ein historisch gewachsenes Stück Berchtesgadens und wesentlichen Bestandteil des Ortsbildes für die Zukunft zu erhalten". Diese Aktion unterstützten viele Personen, auch Kurgäste, vor allem auch das Bayerische Landesamt für Denkmalpflege, und mehr als 3000 Unterschriften unterstrichen das Engagement weiter Bevölkerungskreise. Und wieder, wie schon 1882/92, setzte sich die Einsicht durch, diesen Friedhof aus Gründen der Geschichte und der Pietät zu erhalten.

Nachdem nach Ablauf der festgelegten Ruhefrist das Gesundheitsamt die Zustimmung zur Wiederbenutzung gegeben hatte und das Problem der kleinen und engen Gräber durch Tausch soweit gelöst werden konnte, daß auf allen Grabfeldern wieder Beerdigungen möglich waren, konnten ab 1985 wieder Erdbestattungen der Grabnutzungsberechtigten stattfinden. Aber nun fehlte halt die Aussegnungshalle, die vor etwas mehr als 10 Jahren unüberlegt und voreilig abgerissen worden war. 1988 begann die Planung für eine neue, vor allem vom Pfarrgemeinderat St. Andreas geforderte, und 1993 konnte sie eingeweiht werden.

Nach 200 Jahren Kampf und Streit um Verlegung, Auflassung, Wiederbenutzung, Leichenhausbau und -abriß: Ende gut, alles gut. Der Friedhof, dieses kulturelle und re-

Neue Aussegnungshalle, 1993

ligiöse Kleinod im Herzen Berchtesgadens, hat seine Lebenskraft erwiesen und bleibt auch zu Beginn des dritten Jahrtausends als unveräußerlicher Kulturbesitz mit seinen Gräbern, die schon ihrerseits Denkmalcharakter besitzen, dem Markt Berchtesgaden erhalten.

Der Lockstein
Schönster Aussichtspunkt

Der Berchtesgadener Verschönerungsverein hatte gleich nach seiner Gründung ein wichtiges Projekt in Angriff genommen: Er legte 1872 mit vielen Kosten einen Geh- und Fahrweg auf den Lockstein an und stellte oben Bänke auf. Denn - so war es zu lesen: „Die bewaldete Kuppe des Locksteins, der mit einer Felswand gegen den ältesten Ortsteil Nonntal abbricht, ist unmittelbar über dem historischen Zentrum rund um den Schloßplatz mit Stifts- und Pfarrkirche einer der schönsten Aussichtspunkte auf Berchtesgaden". Wenn der erste Berchtesgadener Propst Eberwein wirklich den schönen Satz „Herr, wen du lieb hast, den läßt du fallen in dieses Land" gesprochen hätte, dann wäre das die richtige Stelle dazu gewesen.

Der Verschönerungsverein hatte die Bedeutung des Locksteins für Berchtesgaden als erster erkannt, „weil der Spaziergang dahin angenehm ist und nicht zu weit und zugleich als kleine Bergpartie sowohl für Einheimische als für Fremde angesehen wer-

Berchtesgaden vom Lockstein

Blick vom Lockstein (1910): Schloßplatz, Hofgarten als Gemüse- und Blumengärtnerei

den konnte; denn bekanntlich bietet das Plateau auf dem Lockstein eine schöne und herrliche Rundschau".

Die lobenswerte Initiative des Verschönerungsvereins war allerdings zunächst ein Fehlschlag; denn der Eigentümer des Geländes, Weinfeldbesitzer Hasenknopf, beschloß, von allen Locksteinbesuchern, Fremden wie Einheimischen, eine Eintrittsgebühr von 6-12 Kreuzern (Markwährung erst ab 1876) zu erheben. Daraufhin entschied der Verein, die Bänke nicht mehr aufzustellen und sich auch nicht mehr um den Wegeunterhalt zu kümmern. Durch erneute Bemühungen 20 Jahre später, 1894, gelang es dem Verein, das in Frage kommende Gebiet zu pachten. Inzwischen war oben eine etwas provisorische Wirtschaft (irgendwo heißt es „Hütte") entstanden, die der Verein auch mit übernahm und weiter verpachtete. Immerhin war nun der Lockstein wieder jedermann zugänglich und die Besucher konnten nicht nur die Aussicht, sondern auch Kaffee und Kuchen genießen.

Nun war aber auch der Marktgemeinde bewußt geworden, daß für sie als bedeutender Fremdenverkehrsort (Die „Münchner Neusten Nachrichten" schrieben sogar „einer der ersten Kurorte Deutschlands") der Aussichtspunkt Lockstein von besonde-

Locksteinwirtschaft 1927 vor Errichtung der neuen Wirtschaftsgebäude durch die Marktgemeinde Berchtesgaden

rer Bedeutung war. Sie war ab 1923 wild entschlossen, den Lockstein zu erwerben „damit dieses Objekt der Gemeinde erhalten bleibt". Um das Geld aufzubringen, dachte man daran, nötigenfalls eine A.G. oder GmbH zu gründen. Die Kaufverhandlungen mit den Grundbesitzern ließen sich zunächst gar nicht gut an, denn der von diesen geforderte Preis von 100.000 Goldmark war nicht aufzubringen. Da man aber von Verkäufer Seite zu der An- und Einsicht kam, daß ein allgemeines Interesse bestand, den Lockstein in kommunale Hände übergehen zu lassen, konnte man sich schließlich einigen. Vereine und die Bezirksregierung, die um finanzielle Unterstützung angegangen worden waren, sagten zwar ab, aber am 29.3.1927 beschloß der Marktgemeinderat „das Plateau des Locksteins mit den anschließenden Hängen im Ausmaß von mindestens 4 Tagwerk, dazu Zufahrtsrecht in 6 m Breite, Recht zur Anlage einer Rodelbahn, zur Verlegung einer Wasserleitung und eines Kanals" für einen Preis von 80.000 Mark zu kaufen.

Einen Schönheitsfehler allerdings hatte die Sache noch: Der Lockstein gehörte zum Gemeindegebiet Salzberg, das den Markt Berchtesgaden auch von dieser Seite umschloß und einengte. Die Verhandlungen über eine Eingemeindung des Locksteins waren erfolgreich, und für einen Preis von 3000 RM wechselte der Lockstein von der Gemeinde Salzberg zur Gemeinde Berchtesgaden.

Und nun wurde der Bau einer repräsentativen, der Zeit entsprechenden Gaststätte ins Auge gefaßt, die „alte gebrechliche Hütte" sollte einem schmucken Neubau weichen. Initiator war vor allem Bürgermeister Siegl, dem allerdings später wegen der doch sehr hohen Kosten Vorwürfe gemacht wurden. Es wäre vielleicht auch besser gewesen, die Wirtschaftsgebäude von privater Hand errichten zu lassen. Ortsansässige Architekten und Bauunternehmer wurden aufgefordert, Ideen und Skizzen einzureichen. Die Gemeinde machte natürlich gewisse Vorgaben: So sollte das Gebäude im wesentlichen ebenerdig, im ländlichen Stil und aus Holz gebaut werden. Das Erdgeschoß sollte einen größeren Saal („nicht unter 150 qm") - auf den man später wieder verzichtete - und ein Gastzimmer mit ca. 50 qm aufweisen und zudem eine geräumige Terrasse mit Dach und verschieb- oder versenkbaren Glaswänden besitzen. Wirtschaftsküche, Schankraum, Speisekammer, zwei Aborte und ein Pissoir sollten eingeplant werden. Im Dachgeschoß seien mehrere Zimmer mit Wohnküche vorzusehen, zwei geräumige Keller waren ebenfalls einzuplanen. Die Gesamtkosten mußten unter 40-50.000 M bleiben. Eine ganze Reihe von Vorschlägen gingen nun tatsächlich ein, man che Vorstellungen jedoch schossen weit über das Ziel hinaus und griffen nach unerreichbaren Sternen: So wollte ein Interessent ein komfortables Sanatorium für Genesende bauen, ein anderer gar ein Theater, „welches gute Stücke gibt". Er dachte dabei auch an den Bau eines Aufzugs - ein Plan, den auch die Gemeinde kurze Zeit verfolgte, dessen Realisierung leider nicht zustande kam.

Terrassenkaffee auf dem Lockstein nach dem Neubau

Das Gebäude mit „seiner noblen und kostspieligen Ausstattung" kostete schließlich satte 220.000 Mark - eine Summe, die weit über der veranschlagten lag und das Gemeindesäckel über Gebühr beanspruchte. Das gesamte Locksteinunternehmen wurde überhaupt für die Gemeinde zu einem Verlustgeschäft. Man hatte offenbar keine entsprechende Marktanalyse gemacht und war der optimistischen Auffassung, daß die Locksteinwirtschaft der „lebhafteste" Kaffeebetrieb Berchtesgadens würde. Man glaubte, daß im Sommer täglich Hunderte von Gästen auf den Berg pilgern würden, auch zur Einkehr in die Wirtschaft. Die Realität sah anders aus, und der Pächter Paul Sichert mußte feststellen, daß der Umsatz Jahr für Jahr zurückging. Konnten im Jahr 1928/29 61.670

Inneneinrichtung der neuen Locksteinwirtschaft

M erwirtschaftet werden, sank der Umsatz 1929/30 auf 50.000, 1930/31 auf 40.000, und 1931/32 waren nicht mehr als 29.000 M zu erwarten. Als Gründe für diesen Rückgang nannte der Pächter die allgemeinen wirtschaftlichen Verhältnisse, aber auch die Bequemlichkeit des Publikums. Die Unwirtschaftlichkeit des Unternehmens hing vielleicht auch mit der Lage auf dem Berg zusammen und dem verhältnismäßig steilen Aufstieg. Der Umsatz mußte im wesentlichen in 2 1/2 bis 3 Monaten erzielt werden.

Die Gemeinde entschloß sich, dieses „ausgesprochene Verlustobjekt" abzustoßen und verkaufte es 1932 an den Augsburger Scheuerle. Doch obwohl der Verkauf bereits notariell beglaubigt und abgeschlossen war, wurde er rückgängig gemacht. Ein Grund hierfür konnte nicht ermittelt werden, es heißt nur, das Objekt sei wieder in die Hände der Gemeinde gelangt.

1936 wurde der Lockstein endgültig gegen eine Kaufsumme von 80.000 M verkauft. Im Kaufvertrag war die Bedingung enthalten, daß die Terrasse ohne Restaurationszwang der Öffentlichkeit zugänglich sowie der Parkbestand erhalten bleiben müsse, „so daß den Interessen des Fremdenverkehrs in vollem Umfang Rechnung getragen ist". Insgesamt hatte das Abenteuer „Lockstein" der Gemeinde einen Verlust von über 120.000 M eingebracht (Einnahmen 248.924, Ausgaben 369.297 RM). Der erzielte Kaufpreis wurde für den Erwerb des Hofgartens verwendet. Der Grundstock für den heutigen Kurgarten war damit gelegt.

Der Felssturz 1802

Der Lockstein ist nicht nur ein wunderbarer Aussichtsberg, Quelle der Freude für viele Besucher, er ist zugleich auch Ausgangspunkt mancher Gefahren. Die der Ansiedlung zu seinen Füßen zugewandte Seite ist eine nackte Felswand, von der sich wiederholt in der Geschichte Berchtesgadens Steine lösten und Menschen und Häuser bedrohten. In einem Schreiben heißt es, „daß schon öfter die Einwohner im Nonntal aus ihrer Ruhe gestört" wurden. Ein besonders gefährlicher, größtes Aufsehen erregender Felssturz, der großen Schrecken verbreitete, ereignete sich am 24. Juli 1802. Schon 1927 berichtete Schulrat Zeno Reisberger, der auch das Archiv der Marktgemeinde anlegte und sich um die Geschichtsschreibung Berchtesgadens verdient machte, über dieses Ereignis. Das Archiv bewahrt eine ganze Schachtel amtlicher Schriftstücke, die in diesem Zusammenhang anfielen.

Es war der Verleger Johann Nepomuk Wallner, der mit seinem Anwesen im Nonntal, dem „Hilger-", späteren „Eichelmann-Haus", besonders betroffen war. Wallner, der das Haus 1787 übernommen hatte und 1805 das Adelsheim erwarb, wo er eine berühmte und vielbesuchte Ausstellung seiner Waren zeigte, war ein Bürger Berchtesgadens von herausragender Bedeutung, und so verfehlte auch sein Schreiben, das er im Namen und zusammen mit anderen Hausbesitzern des gefährdeten Nonntals an das Pfleggericht in Berchtesgaden richtete, nicht seine Wirkung. Nicht nur die Häuser dieser Antragsteller waren bedroht, sondern auch das Pfleggericht selber am Anfang des Nonntals und die Volksschule neben dem Wallnerschen Haus (heute Nr. 15). Man argumentierte sehr wirksam, daß auch die gesamte, stark frequentierte Nonntalstraße, welche die Verbindung nach Salzburg sicherstellte, der Gefahr ausgesetzt sei. Um ihrem Schreiben noch größeren Nachdruck zu verleihen, wiesen sie auf das schreckliche Unglück hin, das sich im Jahre 1699 in Salzburg ereignet hatte, und bei dem „gegen 500 Menschen lebendig begraben" wurden. Es war der große Bergsturz in der Gstätten, dem zwei Kirchen und 15 Häuser zum Opfer fielen. (Nach Franz Martins „Kleine Landesgeschichte von Salzburg" geschah das Unglück 1669 und forderte 202 Opfer.)

Wallner schilderte die gefährliche Situation sehr anschaulich und eindringlich: „Schon der bloße Anblick des Lauchsteins gibt zu erkennen, daß Zeit und Witterung ihre unwiderstehliche Wirkung sehr mächtig auf ihn geäußert haben. Die Wände erscheinen von allen Seiten gebrochen und ausgehöhlt…vielleicht war selbst dieser letzte Felssturz nur ein warnender Vorbote von ungleich größeren, bald zu erwartenden Auflösungen…"

Was war aber nun wirklich passiert? Ein Fels, etwa 300 Kubikfuß groß (d. h. umgerechnet ca. 11 cbm oder 500 Ztr) war auf das Wallnersche Haus „herabgesprungen" und hatte u. a. ein Gewölbe zum Einsturz gebracht. Es war ein Glück, daß keine Menschen zu Schaden kamen. Die Wucht des Felsstückes war durch einen im Wege

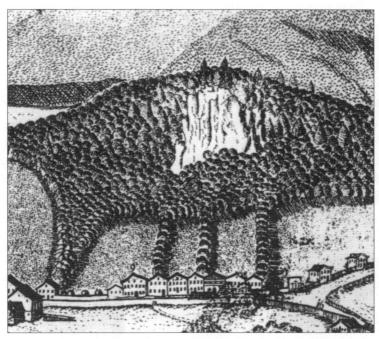

Nonntal mit Lockstein (mit schroffer Felswand) in einem alten Stich;
re. Anstieg der Locksteinstraße mit „Schachernkreuz"

stehenden Baum gebremst worden. Sonst hätte der Felsen das Haus „wohl ganz eingestürzt und die Einwohner in Schutt begraben". So waren die Leute mit dem
Schrecken davon gekommen. Wallner mußte für die Reparatur dieses Schadens 300
Gulden bezahlen. Übrigens lagen oben an der Abbruchstelle noch andere Felsstücke,
die jederzeit bei Sturm oder Regen aus ihrer Lage gebracht werden und auf die Häuser zustürzen konnten. Vor allem auch waren es die Bäume mit ihren Wurzeln, welche
den Gesteinsverband lockerten und zusammen mit dem Winterfrost sprengten.

Die amtlichen Stellen nahmen das gefährliche, noch glimpflich abgelaufene Ereignis auch entsprechend ernst und setzten eine Kommission ein, die bereits am 14. August zusammentrat und den Lockstein inspizierte. Aus Salzburg war dazu als Sach-
verständiger der Hofbaumeister Joh. G. Lachensky gekommen, der wohl dem Ausschuß
vorstand und folgende Maßnahmen vorschlug: Es sollten die bereits losen Steine und
Felsen in kleine Stücke zerschlagen und mit Seilen nach unten gebracht werden. Ein
Steinfang war anzulegen, die großen Bäume waren zu fällen. Außerdem mußte eine
„Skalpierung" der Felswand geschehen, d. h. Arbeiter mußten, an Seilen hängend und
so gesichert, die Wand von lockerem Gestein „putzen".

Da man sich aber - wie üblich - über die Höhe der anfallenden Kosten, vor allem aber
auch darüber, wer sie aufbringen sollte, im unklaren und uneins war, zog sich der Beginn der Sanierungsarbeiten bis in den Oktober hin. Die Unkosten sollten die Hausbesitzer, der Berchtesgadener Magistrat und die Steuerkasse in Salzburg tragen. Eine
neue Kommission trat zusammen, hochrangig besetzt mit dem Hof- und Regierungs-
rat, Land-Pfleggerichts-Administrator Johann Anton von Hasel, den beiden Bürgermeistern, sechs Ratsherren, dem fürstlichen Hofmaurermeister Schaffner. Auch die betroffenen Bürger des Nonntals und zwei Maurer gehörten dazu. Die Gesamtkosten wurden auf 500 Gulden festgelegt, von denen die Hausbesitzer 212, der Magistrat 70, die
restlichen 218 Gulden die Staatskasse übernehmen sollten.

Die Sicherungsarbeiten, die sich zunächst bis zum Winteranfang und auch das ganze nächste Jahr 1803 hinzogen, wurden in erster Linie durch Maurermeister Kajetan
Schaffner und seine sechs bis acht Arbeiter durchgeführt. Da genaue Kostenabrech-
nungen vorliegen, läßt sich in etwa nachvollziehen, was und wie gearbeitet wurde. Zwei
Schmiede, Georg Pfeil vom Mühlbach und Johann Hinterseer im Nonntal, hatten immer wieder damit zu tun, die Werkzeuge in Ordnung zu bringen bzw. neu anzuferti-
gen. So heißt es in der Rechnung: „Anstacheln und Reparierung des Werkzeugs", die

Hämmer „gespitzt, gestahlt, neu gemacht". Zimmermeister Joseph Kirchmayr war für die Lieferung der Seile zuständig, die zum Abseilen der Arbeiter an der Wand aber auch zum Ablassen der Steintrümmer dienten. Bei Joseph Reiter, Krämer im Nonntal, bezog man das Pulver zum Sprengen der Steine, und es wurden nicht weniger als 34 Pfund verbraucht. Sattlermeister Vonderthann schließlich versorgte die Arbeiter mit Riemenzeug. Trotz aller angewandten Vorsicht kam es bei den Arbeiten doch offenbar zu Zwischenfällen. So mußten der Witwe Kerschbaumer wegen der Schäden, die bei „Herabrollen" der Steine an ihrem Besitz entstanden waren, 6 Gulden gezahlt werden.

Die Gesamtkosten der Arbeiten ließen sich durchaus gemäßigt an und waren am Ende niedriger als der Voranschlag. Einer Aufstellung zufolge, vom 16. März 1804, waren sie mit 540 Gulden 39 Kreuzer ausgewiesen. Da aber die gefällten Bäume im Verkauf 97 Gulden 10 Kr. einbrachten, beliefen sich schließlich die Ausgaben auf 443,29 Gulden. Die Anlieger brauchten daher auch weniger beizusteuern, nämlich zusammen 188 Gulden. Wallner z. B. trafen nun rund 26 anstatt die veranschlagten 39 Gulden.

Nach einem Bericht vom Januar 1804 konnten nur die „wesentlichsten Gefahren beseitigt werden". Eine völlige Beseitigung hätte sicher die dreifache Summe gekostet - natürlich unterblieben aus diesem Grunde alle weiteren Arbeiten. Nach einer abschließenden Besichtigung und Begehung durch den Salzburger Hofkammerrat Schroll, den Salzburger Hofbaumeister Lachensky, den Berchtesgadener kurfürstlichen Hofrat und Pfleger v. Hasel und den Maurermeister Kajetan Schaffner, der ja alle Sicherungsarbeiten durchgeführt hatte, wurde zur künftigen Sicherheit der Nonntalbevölkerung und der wichtigen Zugangsstraße vorgeschlagen, den Lockstein jedes Jahr im März oder April, also nach den Winterfrösten, von zwei tüchtigen Männern untersuchen zu lassen, „ob und wo durch das Auftauen des Eises...ein Stein losgeworden", so daß lose Steine rechtzeitig entdeckt werden können und „die Nonntal-Häuser wieder auf eine Reihe von Jahren...gesichert sein können".

Aus dieser vorsichtigen Formulierung geht schon hervor, daß unter den gegebenen Umständen eine völlige und dauernde Sicherheit vor Steinschlag nicht möglich war. Und tatsächlich hat es auch bis in die jüngste Vergangenheit immer wieder abbröckelnde Steine und Gefährdungen für Häuser und Menschen gegeben. So wird berichtet, daß auf das Eichelmann-Haus, das frühere Wallner-Haus, das offenbar besonders gefährdet ist, 1910 und 1950 etwa 30 Ztr schwere Felsen stürzten. „Konditormeister

Däuber wäre bei letzterem Vorfall beinahe am Arbeitsplatz erschlagen worden, wenn sich der Block wegen seiner Größe nicht in dem zur Backstube führenden Schacht verklemmt hätte". (Berchtesgaden im Wandel der Zeit, Erg. Bd. I) Welch merkwürdige Kapriolen die sich vom Hang lösenden Steine schlagen können, geht aus einem Ereignis zu Anfang der 50er Jahre hervor, bei dem der etwas kleinere Felsbrocken ein Dach übersprang und auf der gegenüberliegenden Straßenseite in eine Hauswand schlug. - Heute müssen die Hausbesitzer ihre Anwesen durch stete Beobachtung, Steinfänge und Vorbauten selbst schützen. Wir wollen mit ihnen hoffen, daß sich keine gravierenden Vorfälle mehr ereignen.

Die Locksteinstraße

Wer heute die gut ausgebaute und mit befestigtem Fußweg versehene Locksteinstraße befährt oder begeht, den wunderbaren Blick über das Kirchturm überragte Berchtesgaden hinweg auf den Watzmann genießt, kann sich kaum vorstellen, daß es hier vor gar nicht so langer Zeit erhebliche Verkehrsprobleme gab und daß es hier zum schwersten Verkehrsunglück in Berchtesgadens Geschichte kam. Unsere Kurzgeschichte von der Locksteinstraße mag auch ein Paradebeispiel dafür sein, wie aus den früheren, zum Teil fast archaisch anmutenden Wegeverhältnissen unsere gegenwärtigen verkehrsgerechten Straßen entstanden. Noch im 19. Jahrhundert gab es in Berchtesgaden kaum feste Straßennamen, die Häuser wurden mit Nummern, mit Besitzernamen oder durch Hilfskonstruktionen (Haus an der Pruggen) bezeichnet. Aber zurück zu unserer Locksteinstraße im Jahre 1894.

Am 23. Juli dieses Jahres kam der Berchtesgadener Magistrat zu einer Sitzung zusammen, die als Gegenstand der Beratung den „Fußweg vom Schachererkreuz zum Hilgerlehen" hatte. Beim „Hilgerer" begann das Gebiet der Nachbargemeinde Salzberg. Dieser Fußweg wurde seit einiger Zeit „von einigen Fuhrwerksbesitzern der Gemeinden Bischofswiesen und Gern mit schwerem Fuhrwerk befahren", wodurch die Fußgänger, die diesen Weg als Promenadeweg benützten, sehr belästigt wurden. Dies mißfiel dem Magistrat, denn der offizielle Gemeindeverbindungsweg von Gern und Bischofswiesen nach Berchtesgaden führte nicht über den Locksteinweg, „sondern an dem Anwesen des Tischlermeisters Scheifler am Rad vorbei". Gerade jetzt zu Beginn der Saison mußte rasch gehandelt werden. So beschloß der Magistrat, die „Fahrordnung" in folgender Weise zu regeln: Das Befahren des Locksteinweges mit schwer beladenem Fuhrwerk abwärts wurde verboten, als Fahrweg mußte der „für diesen Zweck bestimmte Weg übers Rad" benützt werden. Leichte Fuhrwerke, Karren und dergleichen konnten weiterhin in beiden Richtungen fahren.

Der ortskundige Berchtesgadener, der die Verhältnisse am Rad kennt, wird mit Befremden und Unverständnis über diesen Magistratsbeschluß den Kopf schütteln. Einige Radanlieger wandten sich denn auch sofort beschwerdeführend an das Kgl. Bezirksamt. Das Rad sei, besonders ab Scheifler, zu eng und steil - ein Ausweichen der Fußgänger sei ganz unmöglich. Der Fuhrwagenverkehr solle doch besser über den Locksteinweg gelenkt werden, „welcher gerade in den Markt herabführt und bei welchem die freie Übersicht durch nichts gehemmt ist".

Das Bezirksamt gab dieser Argumentation - auch auf Grund eines Gutachtens des Distrikttechnikers Wenig - recht und schlug die Anlage von Ausweichstellen am Locksteinweg vor, wo dann die Wegbreite auf 4 - 4 1/2 m vergrößert werden könnte. Dann wurde das Bezirksamt noch sehr amtlich und wies den Magistrat in seine Schran-

Blick auf Berchtesgaden vom Locksteinweg, 1871

ken, denn dessen Beschluß sei „eine ortspolizeiliche Vorschrift mit fortdauernder Geltung, welche gemäß Art. 6 des Polizeistrafgesetzbuches der Gestattung ihrer Vollziehbarkeit durch die k. Regierung bedarf". Die angebrachten Warnungstafeln müßten daher entfernt werden. „Über die Beseitigung der Warnungstafeln ist binnen 3 Tagen Vollzug zu erstatten".

Und so begannen nun die Arbeiten am Fahrweg zum Lockstein bis zur Hilgerkapelle, man fing an, an verschiedenen Stellen zu verbreitern bzw. abzugraben und tieferzulegen. So weit, so gut. Nun aber meldete sich das Landbauamt Traunstein und beanstandete, daß die „ärarische Trinkwasserleitung...welche dort bisher 1 m Erdüberdeckung hatte, in die Gefahr der Verletzung und des Einfrierens gebracht" werde, da sie nur mehr 0,20 m Überdeckung habe. Darüber hinaus rage das gußeiserne Stehrohr 40 cm über die Plane in die Luft, „dem Umfahren durch Schlitten und Wägen und der Verletzung preisgegeben". Das Landbauamt mache die Marktgemeinde Berchtesgaden für alle Schäden verantwortlich und haftbar. Und dann ging auch noch in Berchtesgaden ein Telegramm ein, so daß es keinen Zweifel mehr an dem Ernst der Lage geben konnte: „Hohem Regierungsauftrag gemäß wird ihnen hiermit jedes Abgraben der Erdüberdeckung...verboten". Die Marktgemeinde erhielt den Auftrag, die dem Frost ausgesetzte Wasserleitung sofort mit „frischem Pferdemist" zu überdecken. - Glückliche gute alte Zeit, in der solche technischen Probleme mit einer Fuhre Mist behoben werden konnten!

Inzwischen war das Jahr 1896 angebrochen, und das Landbauamt Traunstein verlangte von Berchtesgaden eine bindende Erklärung, daß von der Gemeinde die Kosten der Verlegung der Wasserleitung übernommen werden. Nun stellte sich aber der Magistrat auf die Hinterbeine und verweigerte die Unterschrift, da er sich nichts zu Schulden habe kommen lassen. Die Regierung von Oberbayern, Kammer der Finanzen, wollte zwar diese Weigerung nicht anerkennen, lenkte aber in der Sache ein und übernahm den Hauptteil der Kosten von insgesamt 323 M, nämlich 235 M. Im Herbst 1896 gingen dann die Arbeiten weiter, und zwar wurden unter die tiefer gelegte Wasserleitung noch Abwasserrohre verlegt.

Wenngleich am Ende des 19. Jahrhunderts diese Straßenarbeiten durchgeführt und abgeschlossen wurden, so war das Ergebnis doch ein im Prinzip ungenügender Fahrweg. Fast 60 Jahre zwar erfüllte er recht und schlecht seine Aufgabe, was bei einer Breite von ca 4,5 m nicht immer völlig reibungslos vor sich ging. Vor allem stellte die nur mit Kies und Sand bedeckte Straße im Sommer durch ihre enorme Staubentwicklung die Anlieger vor große Gedulds- und Gesundheitsprobleme, aber wie problematisch dieser zum Teil steil ansteigende bzw abfallende Verkehrsweg war, ergab sich in schrecklicher Weise am Freitagnachmittag des 4. September 1953.

Der (private) Linienbus der Gerner Omnibuslinie war an diesem Tag vollbesetzt auf der Fahrt nach Berchtesgaden unterwegs auf der Locksteinstraße, als ihm ein vom Nonntal kommender Personenwagen begegnete. Beide Fahrzeuge hielten sich streng auf der rechten Seite und kamen so unbeschadet aneinander vorbei. Folgen wir nun der Schilderung des Berchtesgadener Anzeigers vom 7./8. September 1953: „Der Omnibus kam dabei nach Aussagen eines Zeugen mit dem rechten Vorderrad unmittelbar vor dem Haus Scheifler auf den Gehsteig und senkte sich dann zum dort befindlichen Straßenkuli. Dann fuhr der Omnibus scharf links und stieß in das Eisengitter am Straßenrand. Dieses gab nach. Dann streifte die Karosserie einen Baum, wobei die Rinde stark beschädigt wurde. Mit dem Kühler fuhr das Fahrzeug in den nächsten Baum, der vom ersten 6,80 m entfernt war, entwurzelte ihn, und fiel, das Geländer zertrümmernd,

Omnibusunglück an der Locksteinstraße am 4. Sept. 1953
(Foto: Berchtesgaden im Wandel der Zeit, Erg. Bd. I. v.H. Schöner)

auf den steilen Hang. Vom Anstoß bei Haus Scheifler bis zum Sturz legte der Omnibus noch etwa 54 Meter zurück".

Der Omnibus, der mit 27 Fahrgästen besetzt war, stürzte sich mehrmals überschlagend, den sehr steilen Wiesenhang hinunter und kam - völlig zertrümmert - hinter dem damaligen Bruderhaus zum Liegen. Das furchtbare Ergebnis dieses schrecklichen Unglücks: 7 Tote, 19 zum Teil sehr schwer Verletzte. Wie durch ein Wunder blieb ein 16 Monate altes Kind unverletzt - es war auf den Steilhang geschleudert worden. Die Mutter befand sich unter den Verletzten. Der Hang war übersät mit Gepäckstücken, Verletzten und Toten. Der 34 jährige Fahrer des Unglückswagens wurde schwer verletzt. Viele der Toten und Verletzten waren Kurgäste. Die gefundenen Koffer und Gepäckstücke zeigten, daß sie auf dem Heimweg nach ihrem Urlaub waren.

Nicht vergessen werden darf der „aufopferungsvolle Einsatz" der Helfer. Als erste waren die Bewohner der umliegenden Häuser zur Stelle und leisteten, wo und wie möglich, erste Hilfe. Darunter waren die Schwestern des Bruderhauses und die Bediensteten des Finanzamtes. Ärzte, Sanitätskolonne, Freiwillige Feuerwehr, Polizei waren in kürzester Zeit am Ort des schrecklichen Geschehens. Die Verletzten wurden ins Kreiskrankenhaus und das Versorgungskrankenhaus Stanggaß gebracht. Mehrere Blutspender stellten sich zur Verfügung, Blutkonserven wurden durch Kurier von Salzburg beschafft. - Wir wollen zu Gott bitten, daß sich ein solches Unglück nicht noch einmal ereignet.

Nun war es aber wirklich an der Zeit, diese stark frequentierte Locksteinstraße einer Generalsanierung zuzuführen. Müssen denn immer erst schwere Unfälle und Katastrophen passieren, um die entsprechenden Stellen zum Handeln zu bewegen?! Das Straßenbauamt Traunstein erkannte den unzureichenden Zustand dieser doch recht steilen Straße (12,5 %) und folgerte: „Die Locksteinstraße ist in ihrem derzeitigen Zustand für größere Fahrzeuge mit Sicherheit nur einspurig befahrbar. Die Beschränkung auf nur 3,5 t Gesamtgewicht dürfte daher der höchsten Leistungsgrenze entsprechen".

Auch die Anwohner waren mit ihrer Straße nicht recht glücklich, denn sie litten besonders unter dem zunehmenden Verkehr. In einer von allen Anliegern unterschriebenen Eingabe an die Marktgemeinde hieß es, daß „durch den Omnibusbetrieb in die Gern, die Sanitätstransporte ins Kreiskrankenhaus sowie zahlreiche andere Kraftfahrzeuge" die Staubplage so schlimm sei, daß sie wohl im Berchtesgadener Land kaum ihresgleichen hat". Trotz des gemeindlichen Sprengwagens und der eigenen Bemühungen mit Gießkannen gab es bei trockenem Sommerwetter nur für kurze Zeit Erleichterung. „Und nach längerem Regen ist die Straße voll Rinnen und Löchern". Man bittet die Gemeinde, die Pflasterung der Locksteinstraße in diesem Jahr (1955) in Angriff zu nehmen. Der Chefarzt des Kreiskrankenhauses schloß sich dieser Eingabe voll und ganz an.

Die Notwendigkeit eines grundlegenden Ausbaus der Straße konnten nun auch die amtlichen Stellen nicht mehr ignorieren. So beschloß der Kreistag in seiner Sitzung vom 19.1.1956 die Straße bis zum Aschauerweiher auszubauen. Am 2. Februar fand mit den Bürgermeistern und geschäftsleitenden Beamten der Gemeinden Berchtesgaden, Bischofswiesen und Salzberg eine Besprechung statt, bei der auch eine grundlegende Einigung über die Finanzierung der mit 800.000 M gerechneten Gesamtkosten erzielt wurde.

Die gesamte Strecke wurde in drei Abschnitte, je nach Gemeindezugehörigkeit, eingeteilt: Locksteinstraße vom Schachernkreuz bis zum Hilgerlehen (Berchtesgaden), weiter bis Glückauf (Salzberg), und schließlich bis zum Aschauerweiher (Bischofswiesen). Bei den überschlägig errechneten Kosten waren nicht enthalten die Ausgaben für Grunderwerb und Vermessung, und auch nicht die Notariats- und Grundbuchgebühren. Auch die Zinsen der staatlichen Fördermittel und der Zwischenfinanzierung mußten die Gemeinden übernehmen. Die Aufteilung der darüber hinaus von den Gemeinden aufzubringenden 180.000 M wurde fast zu einem Streitpunkt, wurde aber dann doch schließlich friedlich gelöst.

Die Straße bis zum Krankenhaus erhielt laut Plan eine Breite von 6 m zuzüglich 1,5 m Gehsteig. Für den Straßenkörper selbst war folgender Aufbau vorgesehen: Betongewölbe, Isolierung, Schutzbeton, Kiesauffüllung, Sandbett und schließlich Kleinsteinpflaster, für den Gehsteig: Stahlbeton, darauf Kragplatten mit Gußasphalt. Die Straße sollte eine Neigung von 2,5 % zum Hang bekommen. Beim Haus Ruff oben an der großen Kurve mußte ein Grundstücksstreifen von 4 m abgetreten werden. Besondere Schwierigkeiten machte auch die Abzweigung Nonntal - Salzburgerstraße, wobei vor allem die Häuser von Wurzbach und Burmester betroffen waren. Es darf hier angemerkt werden, daß es natürlich bei der anfangs errechneten Baukostensumme nicht blieb.

Während der Bauarbeiten wurde folgende Verkehrsregelung getroffen: Die Locksteinstraße wurde für Lastkraftwagen vollkommen gesperrt, der Pendelbus nach

Maria Gern wurde über den Schabelweg geleitet, Personenwagen durften in Richtung Krankenhaus die Locksteinstraße benutzen, in Richtung Markt mußten sie den Weg über das Rad nehmen.

Damit war die Locksteinstraße im großen und ganzen so weit ausgebaut, daß sie auch dem heutigen Verkehr gerecht wird. Die nächsten und bisher letzten Baumaßnahmen waren der Asphaltbelag und die Arkadenbögen für den Gehsteig. Aus dem Fußweg des 19. Jahrhunderts war eine leistungsfähige Bergstraße geworden, Ergebnis bewunderungswürdigen Ingenieurkönnens und Tüchtigkeit der Arbeiter.

Berchtesgadens Unterwelt

Als während des letzten Krieges sich die feindlichen Luftangriffe auf Deutschland häuften und immer schrecklichere Auswirkungen hervorriefen, wurden auch in Berchtesgaden Maßnahmen zum Schutz gegen Luftangriffe getroffen. Seit 1943 wurden auf Grund eines „Luftschutz Führerprogramms" Stollen, sog. „Bunker", in die Berghänge des Marktes Berchtesgaden getrieben. Es sollen bei den zwei Jahre andauernden Arbeiten Kräfte aus Kroatien, nach anderen Berichten vor allem Frauen aus der Ukraine eingesetzt worden sein.

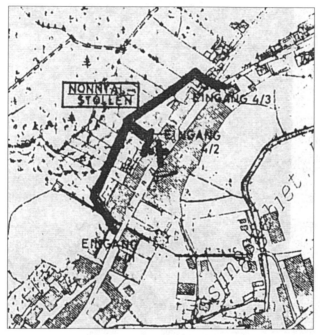

Lageskizzen folgender Luftschutzstollen: Nonntalstollen

Im Markt Berchtesgaden wurden sechs Stollensysteme angelegt, nämlich: Malerhügelstollen, Nonntalst., Weinfeldst., Kalvarienbergst. und Berghofst. Dazu kam der Bahnhofstollen, der für die Unterstellung von Görings Sonderzug diente. Vom 17. Januar 1944 stammt eine unvollständige Aufstellung über die Kosten: Der Stollen am Ma-

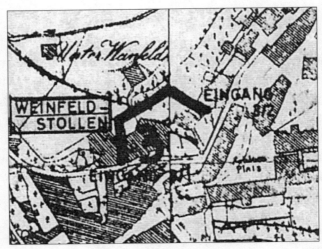

Weinfeldstollen

lerhügel wurde mit 33.000 RM angegeben, im Nonntal mit 216.000, am Weinfeld mit 336.000, am Kalvarienberg mit 149.000, der Berghofstollen mit 282.000 Reichsmark. In der Schrift von Franz W. Seidler (Phantom Alpenfestung?, Vlg Plenk, 2000) werden 1,3 Mill Gesamtkosten angegeben. Die Stollen wurden roh aus dem Felsen gehauen und waren z. T. wegen Wassereintritten sehr feucht. Von den Stollenhauptgängen wurden rechts und links Kavernen bzw. Seitengänge von 7 - 12 m Länge ausgehöhlt. Nur

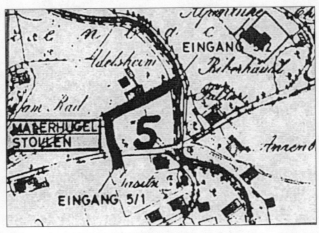

Malerhügelstollen

wenige Strecken waren durch Beton gefestigt und meist waren sie nur mit einer offenen Lichtleitung erhellt. Von den Stollen sind Lage, Eingänge und Streckenführung bekannt. Die Zugänge wurden nach dem Krieg auf Geheiß der Amerikaner z. T. gesprengt oder zugeschüttet. Berghof- und Kalvarienbergstollen konnten 1981 noch betreten werden. Die Eingänge bei Schlosserei Fendt, Hotel Watzmann und Klaus waren mit Eisengitter bzw. Holzbohlen oder Bretterverschlag gesichert. Unbefugte sind nach dem Krieg wiederholt in noch begehbare Stollen eingedrungen, alle Stollen wurden ausgeplündert.

Die Eingänge zur Bunkeranlage im Nonntal, die in den Felsen des Locksteins gehauen und gesprengt wurde, befanden sich in der Nähe des Kanzlerhauses und unterhalb der Einmündung der Locksteinstraße in das Nonntal. Die Anlage ist - ohne Kavernen - 300 m lang. Der Gang war durch einige Gasschleusen abgeteilt und teilweise ausbetoniert, z. T. auch mit Betonwerksteingewölbe versehen. Stellenweise wurde sie

Hauptstollen mit seitlichen Kavernen, Sept. 1944

auch in Türstockbauweise aus Holz abgesichert, das allerdings längst eingestürzt ist. Als 1988 Baumaßnahmen zur Festigung und damit Sicherung der alten Luftschutz- stollen eingeleitet wurden, wurden die Decken und Wände der nur aus nacktem Fels bestehenden Gänge und Kavernen mit Spritzbeton befestigt. Um in den Stollen gelan- gen zu können, mußte damals die Blockmauer an der Straße beim katholischen Pfarrheim abgetragen werden. Da sie unter Denkmalschutz steht, ist sie nach Beendi- gung der Arbeiten originalgetreu wieder aufgerichtet worden.

Über die Stollenanlage am Weinfeld, die ebenfalls in die Hänge des Locksteins ge- trieben wurde, berichtet Seidler in seinem Buch nähere Einzelheiten. Die Anlage war nach dem Krieg streckenweise eingestürzt, aber 1960 noch auf einer Länge von 315 m betretbar. Das Stollensystem besaß zwei Zugänge, beim ehemaligen Landratsamt (Stollenmundloch Süd) und hinter dem Anwesen Kurz (Mundloch Nord). Kavernen und Gänge waren zu einem großen Teil verschüttet, in seinem Fertigzustand umfaßte die Anlage sicher 1000 qm. Während vom südlichen Eingang aus noch einige Strecken be- gangen werden konnten, ist der Nordzugang gesprengt und eingeebnet.

Die Berghofstollenanlage war sicher das größte und auch komplizierteste System, denn es war in zwei Sohlenhöhen angelegt, die 10 m voneinander getrennt waren. Sie besaß 22 Seitenarme bzw. Kavernen von 2,50 bis 3,20 m Breite. Die Gesamtfläche betrug 1500 qm. Beide Sohlen waren zusammen etwa 545 m, d. h. mehr als einen hal- ben Kilometer lang.

Der vielleicht kleinste aller Stollen war der sog. „Malerhügelstollen", dessen Zugänge am Gerner Bach unterhalb von Schloß Adelsheim und im Garten des Hauses Maler- hügel waren.

Angesichts dieser zahlreichen und zum Teil doch recht ausgedehnten und gerä- umigen Stollensysteme, die für viel mehr Menschen Platz boten, als sie der Markt Berch- tesgaden aufwies, wird man sich unwillkürlich fragen, für wen diese Anlagen eigent- lich gedacht waren? Für eine letzte Alpenfestung? Mit diesem Gedanken spielte die na- tionalsozialistische Führung 1943 sicher nicht - wenn er wirklich jemals ernsthaft ins Auge gefaßt wurde. Für Regierungs- und Parteidienststellen, die in Berchtesgaden oder in Bischofswiesen bei der sog. „Kleinen Reichskanzlei" eventuell angesiedelt werden sollten? Aber dort gab es einen eigenen „Bunker" der von der Reichskanzlei bis zur Bi- schofswieser Ache reichte und mit seinen gut ausgebauten und eingerichteten Kaver- nen und Räumlichkeiten für viele Menschen Sicherheit gewährte. An die Massierung militärischer Einheiten, wie sie in den letzten Wochen und Tagen des Krieges im Raum Berchtesgaden noch stattfand und für welche die Stollen als sichere Unterkünfte hätten dienen können, war ebenfalls 1943/44 nicht zu denken. Und der Obersalzberg besaß ein eigenes gewaltiges Stollensystem.

Die Westmächte hatten übrigens offenbar Kenntnis von diesen Stollenanlagen in Berchtesgaden. So warfen die Westalliierten am 20.1.1945 drei gezielte Bomben auf Stolleneingänge, so am Güterbahnhof, am nördlichen Eingang des Berghofstollens und beim ehemaligen Landratsamt (Auskunft H. Kurz). Wenn es bei Kriegsende in Berchtesgaden zu Kampfhandlungen gekommen wäre, hätten die Amerikaner die Menschen in den Stollen - Einwohner wie Soldaten - mit Flammenwerfern vernichtet. So war nach Aussage des amerikanischen Kommandeurs ihr Plan. Man kann sich gar nicht ausmalen, welch unvorstellbares Unglück über die Bevölkerung Berchtesgadens hätte kommen können, wenn es - durch Unvorsichtigkeit oder verbrecherischen Vorsatz - zu Schußwechseln und Verlusten auf gegnerischer Seite gekommen wäre.

Das Stollensystem unterliegt der Aufsicht und Obhut der Bundesvermögensverwaltung, Sitz Bad Reichenhall. Wiederholt ergab sich die Notwendigkeit, an den Anlagen Arbeiten vornehmen zu lassen. 1962/63 dachte man an eine Freilegung der Stollen und eine Wiederherrichtung für Luftschutzzwecke. 1968 wurden im Nonntal und in der Ludwig Ganghoferstraße ordnungsgemäße Eingangstore angebracht. 1981 erging ein Auftrag zur Beseitigung von Gefahrenstellen in den Bunkeranlagen und um das Problem, ob eine Wiederverwendung als Schutzstollen in Betracht käme. Auch 1988 ging es um die Sicherung der Stollen. 1993 zeigten sich an der Salzburger Straße Absenkungen, die vielleicht durch Einbrüche des dortigen Malerhügelstollens hervorgerufen worden waren. Nach Behebung der Schäden war man aber der Meinung, daß unter Umständen mit weiteren Setzungen in der Auflockerungszone über dem Stollen gerechnet werden müsse. Und so wurden im Jahre 2000 am Malerhügelstollen Verfüllarbeiten durchgeführt, wobei gewisse Stellen und Strecken mit fließfähigem Material verfüllt wurden. Gebe Gott, daß dieses makabre Erbe aus der „Nazi"zeit niemals mehr benutzt werden muß.

Schachernkreuz und Nonntalkeller

Am Ausgang des Nonntals, dort, wo die Locksteinstraße mit ihrem Anstieg beginnt, steht ein respektables vierstöckiges Haus mit dem eingebauten Schachernkreuz (auch Schachererkreuz, Nonntalkreuz, Kreuzkapelle, Schächerkreuz). Dieses religiöse Monument, das von keinem, der von dieser Seite her den Markt betritt, übersehen werden kann, fordert wegen seiner Ausdruckskraft und künstlerischen Qualität nicht nur den Frommen zum andächtigen Verweilen und zur Betrachtung auf. Diese Kreuzigungsgruppe ist - laut Landesamt für Denkmalpflege - etwa 300 Jahre alt, sie hat aber eine noch ältere Geschichte. Auch ist es interessant zu verfolgen, wie diese Kapelle in das Haus, das erst 1925 an Stelle eines kleinen Gebäudes erbaut worden war, integriert worden ist.

Die ältesten Hinweise finden wir in einer Zusammenstellung der Lehens- und Hausnamen und -bewohner (von Kleindienst in mühevoller Arbeit erstellt). Dieser Schrift zufolge bestand schon 1542 ein „Haus bei den Schachern", und auch 1551 gab es ein „Haus und Garten oberhalb der Schacher". Nähere Angaben zur Kreuzanlage fehlen

Nonntal, re. Aufgang zur alten Schachernkreuz-Kapelle

leider. Es geht aber doch daraus hervor, daß eine Kreuzigungsgruppe schon vor mindestens 450 Jahren an dieser Stelle stand.

In den Hofmeisteramt-Rechnungen im Hauptstaatsarchiv München wird 1625 in der „Woche Trinitatis" die Kreuzgruppe erwähnt, und zwar heißt es da: „Der zerbrochene Bildnus eines Schachers im Nunthal widerumb aufrichten lassen dafür zahlt 2 Gulden 4 Kreuzer". (Freundl. Mitt. v. H. Spiegel-Schmidt)

Auch 1657 wird das Nonntalkreuz erwähnt. Die Stelle dieser Kreuzgruppe war ein sog. „Aussegnungsplatz", an dem die Toten der Gnotschaft Gern, die auf einem Karren hierher gebracht worden waren, von der Geistlichkeit des Marktes übernommen wurden. Bei allen in den Markt führenden Straßen gab es solche Aussegnungsplätze, so z. B. an der Liebfrauenkapelle beim Hotel Wittelsbach, die Ham beim Bezirksamt, bei der Fachschule für Holzschnitzerei, beim Kaufmann Lidauer (Pfieselmeisterhaus). An diesen Plätzen wurden die Leichen vom Lande von der Geistlichkeit empfangen und ausgesegnet.

In der „Topographie Bavariae" von Merian aus dem Jahre 1644 ist das Schachernkreuz, wenn auch nur vereinfacht, am Beginn der Locksteinstraße eingetragen. Die Zeichnung stellt ein Kreuz im Rahmen dar, d. h. es bestand zu jener Zeit bereits eine überdachte Kapelle. Auch in einem Plan aus dem Jahre 1843 („Situation des Marktes Berchtesgaden längs dem Nonntal") ist die aus drei Kreuzen bestehende Gruppe eingetragen, und zwar so groß wie das nebenstehende kleine Haus, der sog. Nonntalkeller. Die Gruppe ist eingerahmt, also in einer offenbar vorne offenen Kapelle stehend. Die Anlage war etwas zurückgesetzt und erhöht, denn an dieser Bergseite ist ein Mäuerchen errichtet. Es konnte kein Foto gefunden werden, das diese Gruppe deutlich zeigt. Aus dem Jahre 1925 existiert eine Fotographie, die anläßlich des Abbruchs des Nonntalkellers gemacht wurde, auf dem ein Schächer deutlich sichtbar ist.

Ein Protokoll der kath. Kirchenverwaltung berichtet 1868 von der „Renovation" des Schacherkreuzes, das sich „schon seit langem in einem äußerst ruinösen Zustand" befand. Allerdings, und das ist das Interessante daran, hielt sich niemand zuständig für die Bezahlung der Erneuerungsarbeiten. So kam es, daß die beiden Handwerksmeister, der Maurermeister Knotz und der Zimmermeister Wenig, ihre Auslagen nicht erstattet bekamen. Eine Haussammlung in der Bürgerschaft sollte die nötigen Mittel aufbringen, diese reichten aber nur aus, um die Rechnung des Malers z.T. zu begleichen. Nach dreijähriger Wartezeit wandten sich die zwei Meister an die Kirchenverwaltung, um wenigstens die Zinsen der Guthabensumme (Restschulden von 208 und120 Gulden) zu erhalten. Vielleicht war diese Renovierung des Kreuzes (unter den gegebenen Umständen vielleicht ganz verständlich) doch nicht so gründlich erfolgt, denn 1893 schreibt ein Bezieher der Heimatzeitung in einem Leserbrief wiederum von einem ruinösen Aussehen der Kreuzanlage: „Dieser jedem religiösen Gefühl hohnsprechende ruinartige und zerfallene Zustand".

Das 20. Jahrhundert bringt große Veränderungen des Nonntalkreuzes mit sich. Es beginnt der Gedanke Platz zu greifen, das gemeindeeigene Haus des „Nonntalkellers" umzubauen. Zunächst dachte man nur an eine sog. „kleine Lösung". Der Nonntalkeller war ein kleines einstöckiges Haus mit einem Lagerraum im Erdgeschoß und einer bescheidenen Wohnung im ersten Stock. Im ersten Weltkrieg nutzte man das Häuschen und den Lagerraum zur „Butterverteilung". Nun sollte das Gebäude im bescheidenstem Maße vergrößert werden. Allgemeine Wohnungsnot, vor allem auch fehlende Unterkünfte für Wandergesellen, zwangen zu diesem Vorhaben. Bei einer Breite von 8 m waren zwei Stockwerke und ein ausgebautes Dachgeschoß vorgesehen. Das Scha-

Alter Nonntalkeller (vor 1925)

Alter Nonntalkeller, Butter- und Kartoffelverteilung im 1. Weltkrieg

chernkreuz sollte mit neuem Kapellenbau unmittelbar daranstoßen. Die Planung allerdings zog sich hin.

1923 erwies sich das Gebäude als sehr baufällig und schadhaft. Schuld daran war
vor allem ein „ungeheurer Schneefall im heurigen Winter." Das Dach war stark beschädigt, ebenso das Mauerwerk, das instand gesetzt, z.T. sogar abgebrochen werden
mußte. Auch der „Wasserablauf" mußte erneuert werden. So war es kein Wunder, daß
man nun energisch an einen Neubau, und zwar größeren Ausmaßes, heranging. Der
Gemeinderat beschloß 1924, vom Nachbarn eine Grundstücksparzelle zu erwerben und
mit dem katholischen Pfarramt Verbindung aufzunehmen, damit dasselbe „unter entsprechender Wahrung und Erhaltung des sog. Schachererkreuzes dem geplanten er-
weiterten Ausbau keine Hindernisse entgegensetzt." Im Dezember1924 faßte daraufhin die Kirchenverwaltung einen Beschluß, der den Neubau ermöglichte. Sie übertrug
der Marktgemeinde kostenlos den Platz des Nonntalkreuzes als Eigentümerin, allerdings unter nachfolgenden Bedingungen: Die Kreuzanlage mußte wenigstens als Kapellennische in dem neu aufzuführenden Wohngebäude zum allgemeinen religiösen

Gebrauch für immer erhalten bleiben. Links und rechts vom Kreuz Christi sollen zwei Betstühle zu stehen kommen und außerdem muß soviel Platz frei bleiben, daß der Sarg innerhalb der Kapellennische vor dem Kreuz niedergestellt werden kann, wenn von den auswärtigen Gemeinden eine Leiche in den Ort gebracht wird. Außen soll ein Vordach Schutz gewähren, innen sollen Kerzenhalter und eine Installation für das ewige Licht angebracht werden. Ein Nachsatz bestimmt, daß die Gemeinde für würdige Instandhaltung des Platzes jederzeit Sorge zu tragen hat. Die Kirchenverwaltung erbot sich auch, die Genehmigung des Ordinariats und des Landesamtes für Denkmalpflege einzuholen. Bei aller Würdigung des Entgegenkommens der Kirchenverwaltung kann man sich des Eindrucks nicht erwehren, daß diese froh war, die Sorge um das Schachernkreuz auf diese Art losgeworden zu sein. Das war auch verständlich, da die Kreuzanlage wiederum sehr schadhaft war: Die Dachkonstruktion, Sparren und Pfetten, waren infolge des defekten Daches an mehreren Stellen verfault, die Mauern zeigten Risse, die hintere Mauer zum Berghang war vollständig durchfeuchtet, Mauer-

Neubau des früheren sog. „Nonntalkellers" mit
integrierter Kreuzigungsgruppe, 1925

fraß war vorhanden. Der beauftragte Baumeister war der Meinung, alles sei mit der Genehmigung in Ordnung und begann mit dem Abbruch des Schachernkreuzes, „um mit der Fortführung der Bauarbeiten des Nonntalkellers nicht gehindert zu sein." Dekan Dr. Oberhauser, Berchtesgadens Pfarrer, war überrascht und verärgert über diesen voreiligen Abbruch und verlangte die sofortige Einstellung, da sich das Landesamt für Denkmalpflege noch nicht geäußert hatte. Am 19. Januar 1925 meldete sich nun auch dieses Amt, ebenfalls etwas verärgert: „Wir bedauern, daß in vorliegender Sache von Seite der gemeindlichen Behörden übereilt vorgegangen worden ist...Nachdem nun der bisherige kapellenartige Überbau zum größten Teil schon abgebrochen ist, wollen wir gegen den völligen Abbruch nicht mehr erinnern". Die Kreuzigungsgruppe müsse aber eine Aufstellung finden, die sie „als Wahrzeichen für den Ausgang aus dem Orte Berchtesgaden kennzeichnet."

Ein neuer Vorschlag des Pfarrers, die Kreuze in dem Zwickel zwischen Locksteinstraße und Salzburger Straße zu errichten, wurde von der Marktgemeinde wegen der entstehenden hohen Kosten und des ungünstigen Terrains abgelehnt. Hartnäckiger aber als das Denkmalamt gebärdete sich die Regierung von Oberbayern. Sie bemängelte vor allem das Vordach der Kreuznische, das „hart wirken wird", und verlangte, daß „das ordnungswidrig ausgeführte Dach beseitigt wird." Die Angelegenheit zog sich noch bis Mitte des Jahres 1926 hin, bis endlich auch von dieser Seite „der Belassung des geschaffenen Zustandes...nicht weiter entgegengetreten werde."

Die drei Kreuze, Christus in der Mitte, die beiden Schächer rechts und links, sind schöne Holzplastiken aus der Zeit um 1700. Sie sind in gutem Zustand und wurden in den 70er Jahren des 20. Jahrhunderts von dem Ehepaar Moser neu gefaßt. Leider sind sie infolge des fortgesetzten, immer stärker werdenden Autoverkehrs schon wieder eingestaubt. Sie stehen in einer Nische mit halbovalem Grundriß und mit Lisenen mit ornamentaler Bemalung zu beiden Seiten. Die flache Decke mit Deckenstuck und Heiliggeisttaube, der Bodenbelag aus Katzenkopfpflaster, das vorspringende Dach mit Holzschindeln, das abschließende Eisengitter - all das muß bei Renovierungen unter der Aufsicht des Bayerischen Denkmalamtes bearbeitet werden. Die Nische ist etwas erhöht gelegen, ein paar Stufen führen hinauf.

Berchtesgaden. Nonntal.

Im Nonntal

Die hangseitige Bebauung des Nonntals vom Kanzlerhaus bis zum Nonntalkeller (Haus Nr. 27) ist in die Denkmalliste des Landkreises aufgenommen. Diese Bürgerhäuser auf dem schmalen Geländestreifen längs der alten Salzburger Straße (dem Nonntal), am Fuße des Locksteins, meist aus dem 16. und 17. Jahrhundert stammend, wirken vor allem durch ihre unterschiedliche Höhe und Breite, durch die verschieden stark vorspringenden Firste und durch die abwechselnde Fassadengestaltung, die z.T. sogar stuckiert ist. Die Reihe dieser schön verputzten und getünchten Handwerker-, Wohn- und Gasthäuser ist auch heute eines der schönsten Bauensembles Berchtesgadens, das noch ursprüngliche alpenländische Atmosphäre ausstrahlt. Die Häuser im oberbayerischen Gebirgsstil machen trotz ihrer verschiedenen Einzelgestaltung einen überraschend geschlossenen Eindruck. Die leichte Biegung der Straße, die durch ein nur wenig vorspringendes Haus aufgefangen wird, ermöglicht es, die Häuserfront vom neuen schönen Nonntalbrunnen am Kanzlerplatz mit einem Blick zu überschauen. Das Haus Nr. 27 mit der integrierten Nische des uralten Schacherkreuzes fügt sich harmonisch in diese Häuserzeile ein und bildet vor dem Anstieg der Locksteinstraße einen unübersehbaren Akzent und Abschluß.

Der Viktualienmarkt

Für die Bürger des Marktes Berchtesgaden, wie auch die Bevölkerung des Landes, war die Versorgung mit vielerlei Waren, vor allem mit Lebensmitteln, von besonderer Bedeutung. Das Territorium der Fürstpropstei, ein Gebirgsland, vorwiegend mit Wald bestanden, gekennzeichnet durch ein rauhes Klima und lange Winter, besaß nur begrenzte Möglichkeiten, die ständig wachsende Bevölkerung aus eigener Produktion zu versorgen. Daher war von Amts wegen verboten, wichtige Güter wie Grundnahrungsmittel auszuführen, andererseits aber war man gezwungen, aus den umliegenden Gebieten Waren einzuführen. Getreidespeicher (früher „Kornhütte"), Kornmesserhaus, Schranne dienten der Versorgung mit Getreide, drei Jahrmärkte, zwei Viehmärkte und der Viktualienmarkt gaben den Bürgern wie den Gewerbetreibenden Gelegenheit, sich mit dem Benötigten einzudecken. Welche Bedeutung diesen Märkten beigemessen wurde, zeigen die vielen Paragraphen der Bürger- und Marktordnungen von 1567, 1618 und 1691, die sich mit Vorschriften und Verordnungen bezüglich der Abhaltung dieser Märkte beschäftigen. Vor allem für die Gemeindeverwaltung war die Organisation und Kontrolle dieser Märkte eine immerwährende Aufgabe.

Als besonderes Problem erwies sich die Bereitstellung eines günstigen Standplatzes für die Händler, ein Problem, das offenbar gerade in Berchtesgaden wegen der Gelände- und Siedlungsverhältnisse schwierig war. Ein Schreiben des Landgerichts aus dem Jahr 1845 an die Gemeindeverwaltung nimmt darauf Bezug und gewährt uns manchen Einblick in die damaligen Zustände: „Es nimmt die Neigung der Gewerbsleute aller Gattungen zu, ihre Selbsterzeugnisse an den Sonn- und Feiertagen vormittags unter den Bögen des Schloßplatzes und unter dem Neuhausbogen feil zu halten..." Manche Händler setzten schon seit längerer Zeit ihre Waren so ab, und dies offenbar ohne ausdrückliche Bewilligung. Da die Aufstellung solcher Stände und Verkaufsbuden aber „mehrfältige Mißstände" mit sich brachte, wurde die Gemeindeverwaltung aufgefordert, dazu Stellung zu beziehen. Besonders die Verkaufsstände unter dem Neuhausbogen behinderten „das passierende Fuhrwerk", so daß die persönliche Sicherheit des „sich umher versammelnden Volkes" in Gefahr war.

Die Gemeindeverwaltung verfaßte ein ausführliches Antwortschreiben: Es sei „uraltes Herkommen", daß es neben dem Hausverkauf auch den Verkauf auf offenem Markte gibt, die hiesigen Bürger seien nie daran gehindert worden. Auch gebe es bisher dagegen keine Beschwerden, vielmehr diene dieses Herkommen „der Bequemlichkeit des kaufenden Publikums." Es sei auch ganz natürlich und für beide, Verkäufer wie Käufer, von Vorteil, wenn vor Regen und Schnee unter den Bögen der Stallungen und im Neuhausbogen Schutz gesucht wird. Es werde aber zugegeben, daß es vorteilhaft wäre, wenn der Neuhausbogen zur Sicherheit der Passanten von der Aufstellung von Verkaufstischen frei bliebe. Was wurde dort alles angeboten? Da gab es Kleider, Schuhe, Schnitzereien, Blumen, Pelzwaren, Seifen, Obst und Gemüse, Bücher, Optiker- und Kürschnerstände. Zum Teil stammten die Händler aus Schellenberg, aber auch aus Bayerisch Gmain und Reichenhall.

Diese Art des Warenfeilbietens hatte sich nach der Säkularisation von 1803, also nach dem Ende der Fürstpropstei, eingeführt. Zunächst kümmerte sich offenbar keine staatliche oder kommunale Behörde darum, später wurde sie von einem nachsichtigen königlichen Hofmarschallamt geduldet. Oft wurden die Viktualien auch am Marktplatz und auf verschiedenen anderen Plätzen verkauft. Das allerdings brachte die Gemein-

Viktualienmarkt am Rathausplatz (alter Rentamtsgarten), vor 1912

deverwaltung in gewisse Schwierigkeiten. Es wurden nämlich von ihr zwei unterschiedliche Gebühren von den Händlern erhoben, einmal ein sog. „Standgeld" (früher „Pflasterzoll") und dann das Marktgeld je nach Art und Menge der Viktualien. Durfte man nun auch jene Händler, die ihre Waren auf eigenem Grund vor ihrem Haus anboten, mit einem Standgeld zur Kasse bitten? Und wo sollten die Verkaufsstände hin, die sich unter den Schloßarkaden niedergelassen hatten, wenn die Majestäten zu längerem Aufenthalt nach Berchtesgaden kamen? Auch eine andere (Un) Sitte hatte sich eingebürgert: Manche Händler trugen ihre Waren auf den Straßen herum und verkauften sie nicht, wie streng angeordnet, auf dem Markt. Diese Händler verlangten Barbezahlung, bei den seßhaften kauften die „Creditsuchenden". Lösung all dieser Probleme versprach man sich von einem ordentlichen „Viktualienmarktplatz", auf dem durch bindende Vorschriften das Marktgeschehen geregelt und überwacht werden konnte.

1891 war es dann soweit. Wir können in einem Bericht lesen, daß es gelungen war, „einen vollständig geeigneten und insbesondere auch ausreichenden Platz in der Nähe des Rathauses für den Verkauf von Victualien ausfindig zu machen." Es war der frühere Rentamtsgarten zwischen Torbogen und Rathaus, der nun ausersehen war als Viktualienmarkt - Platz, und die Verkäufer erhielten Anweisung, diesen Platz zu beziehen. Diese Entwicklung erhielt allgemeine Zustimmung und wurde von Einheimischen und Fremden „freudigst begrüßt". Natürlich mußten auch „die unter den Arkaden des Königl. Marstallgebäudes aufgestellten Verkaufsstände und dort feilhaltenden Victualien- und Obsthändler auf den neuen Marktplatz transferiert werden." Es war für das kaufende Publikum natürlich vorteilhaft und praktisch, wenn sich alle Händler auf einem Platz befanden, und auch aus verkehrspolizeilichen Erwägungen war es höchst erwünscht, wenn nun die Arkaden und der Neuhausbogen „frei von jeder Hemmung" waren . Es sollte von nun an auch nicht mehr geduldet werden, daß „einige Gewerbebetreibende auf den Trottoirs vor ihrem Hause einen förmlichen Kramladen einrichten. Das Aussehen eines Trödelmarktes auf den Straßen" hatte damit aufgehört.

Obwohl nun auch Graf v. Castell vom Königl. Oberhofmarschall - Stab anordnete, die Arkaden zu räumen, baten die Obst- und Gemüsehändlerin Gertraud Zechmeister und der Südfrüchtehändler Demetrius Faes, bis zum Jahresende bleiben zu dürfen, da auf dem neuen Platz „noch nicht die entsprechenden Vorkehrungen getroffen seien, welche die Etablierung eines Verkaufsstandes ermöglichen." Welche Mängel hatte der

Platz, der Raum für 11 Standplätze bot, aufzuweisen? Käufer und Verkäufer hatten bei Sonnen- wie Regenwetter keinen Schutz, ebenso wenig die Waren, die noch dazu unter dem Staub der nahen frequentierten Straße litten. Auch der Mangel an Wasser, das man zum Abfrischen der Waren, zum Trinken und für „sonstige Reinlichkeitsbedürfnisse" notwendig brauchte, beeinträchtigten diesen Verkaufsplatz. „Den sanitären sowie hygienischen Maßregeln entspricht diese Einrichtung sicher nicht." So wurden die Verhältnisse in der Sommerzeit geschildert - wie sollte es erst im Winter werden? Einige Beschwerdeführer erklärten sich sogar bereit, „pekuniär mehr zu leisten, wenn der heutigen Zeit entsprechende Verhältnisse geschaffen werden."

Die neuerlassene Marktordnung, die sich auf ältere Verfügungen stützte, enthielt eine ganze Reihe von Bestimmungen: Der Viktualienmarkt war jeden Tag geöffnet, mit Ausnahme der hohen Festtage Oster- und Pfingstsonntag, Fronleichnam, erster Weihnachtstag. Folgende Öffnungszeiten wurden festgesetzt: April bis September ab 5 Uhr, März und Oktober ab 1/2 7 Uhr, Januar, Februar, November, Dezember ab 1/2 8 Uhr, jeweils bis zum abendlichen Gebetläuten. An Sonn- und Feiertagen durfte in der Zeit, in der auch die Geschäfte geöffnet hatten, verkauft werden. Es sollten nur Lebensmittel angeboten werden, deren Verkauf herkömmlich war, nämlich Garten-, Wald- und Feldfrüchte, Butter, Schmalz, Honig, Eier, Wildpret, Geflügel, Fische, Lämmer, Kitze, Spanferkel, auch Krebse, Schnecken und Froschschenkel, dazu Alpenblumen. Verboten war der Verkauf von ekelerregenden, unreifen, verdorbenen, schädlichen Waren. Geflügel durfte nicht am Platz getötet, gerupft oder ausgeweidet werden. Es war auch untersagt, Körbe auszuleeren, Gemüseabfälle aufzuhäufen und Waren auf dem Boden zu lagern.

Die Standgebühr für die festen Verkaufsplätze wurde nach Angebot versteigert. Die Plätze 1 und 2 waren wegen des abschüssigen Terrains billiger (30 bzw. 55 M), die anderen Stände an der Straße entlang teurer. Die Tagesmarktgebühren wurden gegenüber früher etwas angehoben: Für einen zweispännigen Wagen mußte 1 M bezahlt werden, ein einspänniger Wagen kostete 60 Pf, bei einer Ladung von Südfrüchten das Doppelte. Für 1 Pfund Butter bzw. Schmalz mußten 2 Pf, für 100 Eier 30 Pf, für ein Lamm, Kitz, Spanferkel, Wildpret 5 Pf entrichtet werden, für 100 Stück Schnecken 10 Pf, für 100 Froschschenkel 5 Pf .

Als sich 1904 eine Fischhandlung auf diesem Viktualienplatz niederlassen wollte, machte sie zur Bedingung, daß ein Wasseranschluß hergestellt wurde. Tatsächlich liegt ein Plan dazu mit Kostenberechnung vor. Eine merkwürdige, von den Händlern heftig bekämpfte amtliche Anordnung aus dem Jahre 1905 verlangte, daß die Stände nach rückwärts bis an die Mauer verlegt werden mußten. Entgegen strikten Zusagen von seiten der Verwaltung ließen sich bald fremde Händler auf den freigewordenen Plätzen entlang der Straße nieder. Auch hier war Demetrius Faes wieder der Wortführer bei Beschwerden: „Wir müssen bezahlen, aber Ordnung haben wir keine." Trotz ständiger Kontrolle und Überwachung durch Gemeindeverwaltung und Schutzmannschaft gab es Beanstandungen. 1905 wurde gerügt, daß ein Stand „in einem solch verwahrlosten und unreinlichen Zustand mit aufgehäuftem Mist" angetroffen wurde.

Um nun dem Viktualienmarkt ein ordentliches und einheitliches Bild zu verschaffen, entschloß sich 1929 die Gemeinde, gleich aussehende Verkaufsbuden anfertigen und aufstellen zu lassen. Acht solche Holzbuden, fest und haltbar, vom Volkskunstrat begutachtet, wurden nun auf dem Rathausplatz aufgerichtet und sollten nicht nur Ordnung und Sauberkeit garantieren, sondern auch Verkäufern und Kunden Schutz vor den Unbilden der Witterung gewähren. Jedes dieser Häuschen, mit Eingang und fester Bedachung, hatte Platz für zwei Händler. Da die Gemeinde aber selber kein Geld hatte, mußten die Händler 300 M bei der Übergabe bezahlen, blieben aber 3 Jahre von der Grundgebühr verschont. Die Buden aber blieben im Eigentum der Gemeinde und die Tagesgebühren waren wie bisher zu entrichten.

Nun konnten alle zufrieden sein. Oder wieder nicht? Im Berchtesgadener Anzeiger vom 21. 3. 1931 war vom Reporter zu lesen: „Daß man mit der Errichtung dieser klobigen Buden den an und für sich räumlich großen Rathausplatz „verschandelte", haben wir nicht einmal, sondern wiederholt behauptet...Man betrachte einmal, also nach ca. zwei Jahren, diese Buden, die auf jeden unbefangenen Betrachter den Eindruck der Vernachlässigung machen müssen und zu einem instinktiven Kopfschütteln geradezu herausfordern...Ewig schade ist und bleibt es, daß man auf diesem Platz derartige Verkaufsstände in einer solchen Aufmachung aufstellte und noch dazu in einer Weise plazierte, die weder dem Geschmack noch der Praxis auch im entferntesten entspricht." — De gustibus non est disputandum - Über den Geschmack kann man nicht streiten.

Heute finden wir auf dem Rathausplatz keine Verkaufsbuden eines Viktualienmarktes mehr, sondern Auto neben Auto - er ist ein dringend benötigter Parkplatz geworden. Ein neuer Viktualienmarkt - modisch und anheimelnd „Bauernmarkt" genannt - hat sich neuerdings am Weihnachtsschützenplatz beim Café Forstner eingerichtet.

Sog. „Flohmärkte" finden, nach Bedürfnis, an verschiedenen Stellen, so z.B. im Nonntal, statt. Es scheint so, daß das Verlangen nach solchen Märkten zum Wesen des Menschen gehört.

Verkaufsbude mit Platz für zwei Händler

Der Rathausbrunnen

1908 tauchte der Plan auf, das 100 jährige Jubiläum der Zugehörigkeit Berchtesgadens zu Bayern im Jahre 1910 „durch Errichtung eines dauernden Dankzeichens in Form eines Monuments oder eines Brunnens" zu begehen. Der Distrikt Berchtesgaden trug diesen Gedanken den Gemeinden vor, die dazu Stellung nehmen sollten.Man plante, das Vorhaben durch freiwillige Beiträge mit Unterstützung der Gemeinden zu finanzieren. Der Historische Verein, der auch dazu gefragt worden war, schlug die „Anlage eines Brunnens mit Figur und Wasserbewegung" vor.

Das Staatsministerium des Inneren rechnete mit 15 - 18000 Mark an Kosten und hielt die vom Distrikt genannten 2000 M, die dieser als Beitrag dazu steuern wollte, für zu niedrig. „Der Anteil hat bisher in ähnlichen Fällen mindestens in der Regel die Hälfte der Kosten betragen."

Es liegt ein Vertragsentwurf vor über den Ankauf des früheren Rentamtsgartens zwischen dem kgl. Finanzaerar und der Gemeinde Berchtesgaden. Das Grundstück zu 0,061 ha oder 0,18 Tagwerk sollte 4000 Mark kosten, welcher Betrag später entgegenkommenderweise auf 2000 M ermäßigt wurde. Dieser Platz bildete früher ein kleines zu dem Rentamte gehörendes Gärtchen. Nach Verlegung des Rentamtes wurde der Garten als solcher aufgegeben und an die Marktgemeinde um jährlich 100 M verpachtet. Zur Zeit des Brunnenprojekts wurde das Gelände als Viktualienmarkt genutzt, es befanden sich dort einige Verkaufsstände. Es wurde aber auch allerhand Schutt, Baumaterial und landwirtschaftliches Gerät dort gelagert.

Bedingung des Verkaufsvertrags war, daß der Platz „unter allen Umständen als freier Platz unter Ausschluß einer baulichen Ausnützung erhalten werden" mußte. Es durften in Zukunft auch keine „Lärmveranstaltungen" dort stattfinden. Das Areal sollte aber - wie bisher - für einen Viktualienmarkt mit „fliegenden" Verkaufsbuden genutzt werden dürfen. Zudem wurde der Markt verpflichtet, die Stütz- und Grenzmauern zu erhalten.

Dem Denkmalvorhaben wurde soviel Gewicht beigemessen, daß ein hochrangiges Gremium gebildet wurde, das im Oktober 1909 eine Ortsbesichtigung vornahm. An dieser „Tagfahrt" beteiligten sich folgende Kommissionsmitglieder aus München: Prof. A. v. Seitz, Prof. Fr. v. Stuck, Ministerialrat v. Stempel; Prof. A. v. Hildebrant konnte wegen anderer dringender Arbeiten nicht teilnehmen. Es kamen überhaupt nur zwei

Plätze in Betracht, der ehemalige Rentamtsgarten und der Postpark bei der Lesehalle. Die örtlichen Vertreter bevorzugten den Platz beim Rathaus, „weil bei der Wahl dieses Platzes nicht nur eine Bereicherung der Stadt, sondern weil damit auch die Beseitigung eines höchst unschönen und für den großen Fremdenverkehr unpassenden verwahrlosten Zustandes beseitigt würde." Auch die anderen Kommissionsmitglieder waren der Ansicht, daß nur der Rathausplatz in Betracht kommen könne, denn er weise manche Vorteile auf: Das Denkmal könne man an die hintere Grenzmauer stellen, die im Mittel 3,50 m hoch sei, so daß der Platz nach vorne frei bleibe. Man stellte sich dabei auch vor, daß durch kleine, dem Ortscharakter entsprechende Verkaufsstände beiderseits des Denkmals ein schönes Platzbild entstehen würde.

Inzwischen war es Januar 1912 geworden, höchste Zeit also, denn das Jubiläumsdatum war schon längst überschritten. Vom bayerischen Staatsministerium des Inneren für Kirchen- und Schulangelegenheiten wurde daher kein allgemeiner zeitaufwendiger Wettbewerb ausgeschrieben, sondern ein „beschränkter Wettbewerb" zwischen je drei Bildhauern und Architekten vorgenommen. Es waren die folgenden drei

Rathausplatz mit Rathausbrunnen, Steintreppe, Arkaden und umgebautem Kanzlerhaus (altes Mundkochhaus)

Künstlerpaare an dem Wettbewerb beteiligt: a) Bildhauer Prof. Georg Albertshofer und Architekt Bauamtsassessor Hermann Buchert, b) Bildhauer Adolf Rothenburger und Architekt Karl Sattler, c) Bildhauer Bruno Diamant und Architekt Oswald Ed. Bieber. Jede Teilnehmergruppe - mit Ausnahme derjenigen, welcher die Ausführung übertragen wurde - erhielt ein Honorar von 500 M aus dem Staatszuschuß von 13200 M. Dem Preisgericht gehörten an: Akademieprofessor Franz v. Stuck und Balthasar Schmitt, Bildhauer Prof. Jos. Floßmann, Prof. d. Techn. Hochschule Frhr. Heinrich v. Schmidt und städtischer Baurat Hans Graessel. Aus Berchtesgaden gehörten zu dem Preisgericht Magistratsrat Kriß und Bezirksamtmann Graf von und zu Lerchenfeld. Den Vorsitz führte Ministerialrat Dr. Winterstein.

Am 11. Juli 1912 fiel die Entscheidung zugunsten des Entwurfs Albertshofer / Buchert, jedoch waren daran folgende Veränderungen vorzunehmen: Die Steintreppe war ohne Treppenabsatz zu errichten, der Fuß der Brunnenschale mußte kräftiger, das untere Brunnenbassin um 1 m verlängert werden und die am Brunnen angebrachten Schnecken sollte vereinfacht werden. Prinzregent Luitpold gab dem Entwurf und diesen vorgeschlagenen Veränderungen seine Zustimmung. Bestandteil des Entwurfs war aber auch die Umgestaltung des Rat- und Schulhauses sowie des Salinengebäudes (d.h. des alten Mundkochhauses). Dieses Mundkochhaus war in seiner äußeren Erscheinung „höchst unschön, Wände und Dach stehen in schlechtem Verhältnis zueinander", auch der Giebel auf der Vorderseite hatte eine schlechte Form. Es galt, vor allem die Dachform zu verändern. Da dieses Haus die „Rückwand" des Denkmals bildet, war diese Umgestaltung für das Gesamtbild sehr wesentlich. Der Platz selber enthielt durch die Steintreppe und den Arkadenvorbau des Rathauses ein neues, sehr vorteilhaftes Aussehen. Selbst der Hofbäcker Ertl paßte durch entsprechende Renovierung sein Haus dem schönen Platz an.

Wie aber sah der Brunnen, das Denkmal zur Erinnerung an Berchtesgadens Zugehörigkeit zu Bayern, aus? Der Brunnen besteht aus zwei Hauptteilen, dem Aufbau, der sich an die Stützmauer anlehnt, und dem davor liegenden Bassin. Das Denkmal besitzt eine größte Höhe von 2,90 m und eine Breite von 4,45 m. Die Dimensionen des Beckenrandes sind außen 5,70 mal 4,25 m. Der Aufbau des Denkmals zeigt in der Mitte eine große Kartusche, die zu beiden Seiten von Putten flankiert ist, von denen die eine eine Krone , die andere einen Lorbeerzweig hält. Die beiden Putten sitzen auf Delphinen, die als Wasserspeier funktionieren, wobei der Strahl in eine große Muschel fließt.

Von dieser fällt das Wasser in einem Überfall in das große Bassin. Beides, Aufbau mit Kartusche und Putten wie auch der Beckenrand mit den vorgesetzten Pfeilern, besteht aus Muschelkalk. Die Inschrift lautet: „Erinnerung an die 100 jährige Zugehörigkeit von Berchtesgaden an die Krone Bayern 1810 - 1910".

Feier zur Einweihung des Rathausbrunnens 1913; Mittelgruppe dritter von links Prinzregent Ludwig, der spätere König Ludwig III. (Foto aus: „Spaziergänge durch Berchtesgaden und Umgebung von F. Schelle)

Da inzwischen der greise Prinzregent Luitpold verstorben war, wurde als Zeitpunkt der Übergabefeier der Namenstag seines Sohnes, des neuen Prinzregenten (und späteren Königs) Ludwig III. gewählt, der bei der Feier anwesend war. Es war Montag, der 25. August 1913. Man feierte dabei gleichzeitig das „Allerhöchste Namensfest" Ludwigs und begann um 10 Uhr vormittags mit einem Festgottesdienst in der Stiftskirche.Folgen wir nun der Schilderung des Berchtesgadener Anzeigers: „Als die kirchliche Feier beendet war, als die Glocken, die das feierliche Te Deum hinausriefen ins Land, verstummten, nahmen die Herrschaften, Korporationen und Vereine am Rathausplatz Aufstellung. Es befanden sich darunter: der Veteranen - Verein, der Prangerschützen - Verein und die Feuerschützengesellschaft von Ramsau, Vertretungen der Freiwilligen Feuerwehren Ramsau, Stanggaß und Salzberg. Die Söhne des Prinzen Rupprecht hatten mit ihrem Begleiter Baron von Malsen an einem Fenster der Magistratskanzlei Platz genommen, um der Feier beizuwohnen. Unzählig war die Menschenmenge, darunter viele Sommergäste, die sich auf dem fahnengeschmückten Platz eingefunden hatte.Das Denkmal selbst war mit Draperien in weiß - blauen Rauten umfaßt. Die Fahnendeputationen gruppierten sich rechts und links des Denkmals. Nach einem von der Knappschaftskapelle intonierten Musikstück hielt der k. Bezirksamtmann Graf von Lerchenfeld die Festrede. In einem kurzen geschichtlichen Rückblick wies v. Lerchenfeld darauf hin, daß das Jahrhundert, das Berchtesgaden unter dem Szepter des Hauses Wittelsbach verlebte, das glücklichste gewesen sei. Auch Bürgermeister Pfab, der das Denkmal namens der Gemeinde übernahm, hob hervor, daß dem Berchtesgadener Land hundert Jahre ruhiger, friedlicher Entwicklung beschieden gewesen seien."

Veteranenfest 9. August 1925. Der neugestaltete Rathausplatz wurde zur „guten Stube"
Berchtesgadens. Auf dem Podest in der Mitte Kronprinz Rupprecht in Feldmarschall-Uniform

Wie Berchtesgaden einmal beinahe
sehr reich geworden wäre

Die Erbschaft des Alexander v. Mendelssohn - Bartholdy

Im alten Friedhof befindet sich ein Grab mit einer Grabplatte, auf der zu lesen ist: Ihrem Wohltäter die dankbare Gemeinde Berchtesgaden. Der Tote, der hier zur Ruhe gebettet wurde und für dessen Grab die Gemeinde auch heute noch, nach 80 Jahren, sorgt, war Alexander von Mendelssohn - Bartholdy, Angehöriger einer einst in Deutschland berühmten Familie. Er war 1919, im blühenden Alter von 30 Jahren, gestorben. Wie kam es, daß dieser so jung verstorbene, im Grunde recht unglückliche Mensch zum Wohltäter Berchtesgadens wurde? Die folgenden Ausführungen geben reichlich Stoff für einen ganzen spannenden Roman, gespickt mit interessanten juristischen, wirtschaftlichen und politischen Details, aber auch mit zu Herzen gehenden menschlichen Schicksalen.

Alexander von Mendelssohn - Bartholdy war ein außerordentlich reicher, aber auch ein außerordentlich schwieriger Mann. Am Tage seiner Volljährigkeit verlobte er sich

Alexander von Mendelssohn-Bartholdy 1889-1919

mit Frieda Paech, die er auch trotz Vorhaltungen seines Bruders, des Berliner Generalkonsuls und Bankiers Paul von Mendelssohn - Bartholdy, bald heiratete. Er galt als geistig wenig begabt und uninteressiert und ging nach dreimaligem Wiederholen als Sekundaner vom Gymnasium ab. Er wollte nun in der Landwirtschaft tätig sein. Sein Vater wollte ihn schon 1907 durch Familienbeirat kontrollieren lassen, was natürlich bei einem nun volljährigen, zum Trotz neigenden jungen Mann kaum möglich war. Alexander war zudem viel durch Krankheiten geplagt und gehindert - Blinddarmoperation, Gallenblasenoperation, Magengeschwür - und verbrachte 1918 mehrere Monate im Marienkrankenhaus in Frankfurt, worauf dann die Entlassung aus dem Militärdienst erfolgte. Er hatte sich inzwischen im Berchtesgadener Land niedergelassen und wohnte in der Pension Alpenglühn in der Gemeinde Salzberg.

Seine so früh geschlossene Ehe verlief alles andere als glücklich, was bei diesem sehr labil veranlagten, sich vielfach ausgesprochen psychopathisch gebärdenden Menschen nicht verwundern kann. Schon nach wenigen Jahren kam es fortgesetzt zu sich immer steigernden Ehekrisen. Sein außerordentlich wechselhaftes Verhalten zu seiner Frau war gekennzeichnet durch Zeiten der Mißachtung, ja Verstoßung und kurzen Perioden der Einsicht und Wiedergutmachung. Alexander war inzwischen Morphinist geworden, was - nach einem ärztlichen Gutachten - auf seine Gesundheit und Psyche einen deutlich negativen Einfluß hatte. Isolierung von Seiten der fünf Geschwister (ein Bruder, vier Schwestern), und ein Entmündigungsverfahren, das sie anstrengten - allerdings vergeblich - förderten Alexanders krankhaftes Mißtrauen, so daß er zeitweise nur mit einer Waffe neben sich einschlief.

Alexander verfaßte schon im Oktober 1918 ein Testament, in dem er als Erbin „meine geliebte Ehefrau Frieda" einsetzte. Da die Ehe kinderlos war, setzte er als Nacherben seinen Schwager Gerhard Paech ein. Ausdrücklich bestimmte er, daß seinen Geschwistern keine Forderungen erfüllt werden sollen, „da sie sehr gehässig gegen mich und meine geliebte Ehefrau vorgegangen sind."

Schon am 12. Dezember 1918 fügte er seinem Testament einen Nachtrag bei, in dem nun eine neue, hochinteressante Bestimmung erscheint: „Sollte mein lieber Schwager Gerhard Paech ohne Hinterlassung von Nachkommen oder unverheiratet sterben, oder vor mir verstorben sein, so erhält die Stadt Berchtesgaden mein gesamtes Vermögen nach Abzug der oben festgesetzten Legate. Meine Geschwister berücksichtige ich in keiner Weise, weil meine geliebte Frau Frieda und ich in unerhörter Weise von ihnen behandelt worden sind."

Aber auch das war noch nicht die letzte Fassung des Testaments, denn am 22. Juni 1919 erfolgte eine weitere Version. Es mußten Dinge vorgefallen sein, die bei ihm zu einer radikalen Meinungsänderung geführt hatten. „Da meine Ehefrau Frieda, geb. Paech, mich verlassen hat und einen derartigen Haß gegen mich geltend macht, daß sie nicht einmal vor Erpressungen zurückschreckt, so enterbe ich dieselbe vollständig." Nach weiteren Ausführungen zur Familie, vor allem zu den Geschwistern (die sich durch lange Jahre mir gegenüber nur gehässig gezeigt) heißt es dann: „Die Hälfte meines Vermögens soll die Stadt Berchtesgaden (Oberbayern) zu beliebiger Verwendung erhalten. Ein Viertel dieser Summe soll speziell der Gemeinde Salzberg zufallen. Sollte zur Zeit meines Todes Grundbesitz vorhanden sein, so ist dieser mit der gesamten Einrichtung zu verkaufen und der Erlös ebenfalls zum Besten der Gemeinde (gemeint ist Berchtesgaden) zu verwenden... Die andere Hälfte meines Vermögens erhält Fräulein M. K. ... Ich treffe diese Bestimmung, weil mir Frl. M. K. in äußerst schwerer Zeit treu zur Seite gestanden und geholfen hat. Ein Dank ihr darum auch noch an dieser Stelle."

Aber auch das war noch nicht das Ende der Testament - Reihe. Der Leser kann sich nun schon selbst ein Bild über den offenbar doch recht verwirrten Geisteszustand des Erblassers machen, gegen den nun die Geschwister - wie bereits angedeutet - einen Prozeß auf Entmündigung „wegen Geistesschwäche" anstrebten, der allerdings nach verschiedenen Gutachten erfolglos blieb. In dem neuen Vertrag zwischen den Eheleuten vom 22. Juni 1919 wurde nun festgelegt, daß die Ehefrau Frieda ihre Sachen aus ihrem Zimmer und die Gegenstände, die sie in die Ehe eingebracht hatte wie auch die inzwischen erhaltenen Geschenke „im Hinblick auf das vielfache Entgegenkommen, das die Ehefrau dem Ehemann während Bestehen der Ehe und auch jetzt gezeigt hat" behalten darf.

Der Besitz

Nun wird es höchste Zeit, daß wir aufzeigen, um welchen Besitz es sich bei der Erbmasse überhaupt handelte. Es war schon kurz davon die Rede, daß Alexander von Mendelssohn - Bartholdy sehr reich war, d.h. insgesamt ein großes Vermögen besaß, wenngleich er im normalen Tagesgeschehen durchaus wegen Geldmangels größere Schulden machte. Alexander besaß ein Rittergut „Langhermsdorf" im Kreis Freystadt in Niederschlesien, dessen Wert auf 6 Millionen Mark geschätzt wurde. Dieses Gut hatte eine Größe von 591,71 ha, die sich aus Ackerland (202,08 ha), Wiesen (37,58), Weide (0,96), Holzung (329,05), Hofraum (2,66), Wege und Gräben (3,55), Wasser (4,34), Sand- und Kiesgruben (1,84) zusammensetzten. Der Wald, der fast 2/3 der Gesamtfläche ausmachte, bestand weitgehend aus Kiefern und Eichen, war aber nur zum Teil schlagreif. Er wurde von Forstmeister Hauber aus Berchtesgaden nach sorgfältiger Untersuchung und Prüfung an Ort und Stelle allein auf 6 Mill. geschätzt. An lebendem Inventar waren 110 Rinder und 16 Pferde vorhanden, die dazugehörigen Stallungen und Scheunen waren gut im Stande. Der Viehstall war so groß, daß er auch für 200 Stück ausgereicht hätte. Das Herrenhaus war geräumig und relativ gut erhalten, aber vollständig ausgeräumt und von polnischen Flüchtlingen bewohnt. Der Berchtesgadener Bürgermeister Zeitler gab vor dem Gemeinderat darüber einen ausführlichen Bericht, der darüber hinaus noch viele interessante Details enthielt.

Gut Langhermsdorf

Außer diesem Gut umfaßte der Nachlaß noch Wertpapiere in Höhe von ebenfalls etwa 6 Millionen Mark. Es handelte sich dabei vor allem um österreichische und russische Papiere und Kongolose. Ein größeres Depot lagerte beim Bankhaus Mendelssohn in Berlin.

So also war die Ausgangssituation. Wie weit man in Berchtesgaden alle Einzelheiten des umfangreichen Vermögens schon kannte, ist ungewiß. Am 11. 9. 1919 trat der Gemeinderat zu einer Sitzung zusammen, in der es vor allem um die Erbschaft Mendelssohn ging. Im Beschlußbuch finden wir folgenden Text: „Herr Bürgermeister Fischer schilderte in treffenden herzlichen Worten die edle Persönlichkeit des in so frühen Jahren Dahingegangenen, der aus den Kreisen seiner Mitmenschen hervorragte durch seine Wohltätigkeit und seinen großen Opfersinn für das Gemeinwohl, was insbesondere durch seine letztwillige Verfügung, die ihm für alle Zeiten ein Denkmal sein wird, zum Ausdruck kam. Im ehrenden Gedenken erhoben sich die Mitglieder des Gemeinderats von ihren Sitzen. Der Gemeinderat nimmt Kenntnis von der letztwilligen Verfügung des Herrn von Mendelssohn - Bartholdy vom 22. Juni 1919 und gibt einstimmig die Erklärung ab, die Erbschaft anzunehmen."

Der Berchtesgadener Rechtsanwalt Dr. Kollmann war noch von Mendelssohn als Testamentsvollstrecker eingesetzt worden. Er sollte in den nächsten Jahren viel zu tun bekommen. Seine Kanzlei und das Rathaus mit dem Amtszimmer des rechtskundigen ersten Bürgermeisters Zeitler wurden nun zu einem richtigen Hauptquartier im Streit und Kampf um diese Erbschaft, die für eine kleine Gebirgsgemeinde goldene Zeiten versprach. Von hier gingen nun laufend Briefe, Telegramme, Überweisungen u.ä. in alle Richtungen Deutschlands, von hier reisten nun Delegationen nach Nord, West und Ost. Bei all den kommenden schwierigen, zeitraubenden und komplizierten Besprechungen und Verhandlungen trugen diese beiden Herren ein gewaltiges Bündel an Verantwortung und nicht weniger vielfach auch ein finanzielles Risiko. Denn: Die Witwe Frieda und die Geschwister erkannten das Testament nicht an und reichten Klage ein wegen Nichtigkeit der letztwilligen Verfügung. Die Erbschaftsverfügung des Verstorbenen sollte wegen „Geisteskrankheit" für ungültig erklärt werden. Die Geschwister, so wurde argumentiert, seien die rechtmäßigen Erben, die Beklagten - vor allem die Gemeinde Berchtesgaden - haben die Kosten des Verfahrens zu tragen.

Da ein neues Gutachten für die Gemeinde ungünstig ausfiel, erklärte sie sich zu Verhandlungen über einen Vergleich bereit. Nach langem Hin und Her kam es im November 1920 in München zu den Vergleichsverhandlungen. Berchtesgaden schloß dabei dank den Bemühungen Bürgermeister Zeitlers besser ab, als man je erwartet hatte: Es erhielt das Gut Langhermsdorf und weitere 2 Millionen an Wertpapieren, dazu noch einige andere Vermögenswerte, z.B. Anteil an Silber. Fräulein M. K., inzwischen verheiratet, mußte von der Gemeinde mit 150000 Mark ausbezahlt werden, wobei die Gemeinde auch die Erbschaftssteuer zu übernehmen hatte. Ein Viertel des Erbes (ohne Rittergut) war für die Gemeinde Salzberg vorgesehen. Der Gemeinderat ließ in das Beschlußbuch eintragen: „Herrn Bürgermeister Zeitler gebührt für seine energische, erfolgreiche Vertretung der gemeindlichen Interessen der größte Dank."

Der Kampf um das Gut Langhermsdorf

Es war also alles gut gegangen, und in Berchtesgaden konnte man sich zurücklehnen und die Hände reiben. Nun konnten auch Pläne gemacht werden, was man alles mit dem vielen Geld anfangen wollte. Da tauchte am Horizont eine neue Gefahr auf: Das Gut Langhermsdorf sollte enteignet werden. Die schlesische Siedlungsgesellschaft hatte die Absicht, 8 kleine Siedlungsstellen zu errichten. In einem Beschluß vom April 1921 der Gesellschaft heißt es: „Enteignungssache Langhermsdorf Kreis Freystadt Niederschlesien: Rittergut in Größe von 561 ha...Unter dem 18. März 1921 hat der Landlieferungsverband Niederschlesien zu Breslau mit Zustimmung der Schlesischen Landgesellschaft als gemeinnütziges Siedlungsunternehmen...die Enteignung beantragt." Beschwerde dagegen war innerhalb eines Monats möglich. Da die Gemeinde Berchtesgaden mit einem viel zu geringen Preis abgefunden werden sollte - es waren 550.000 M im Gespräch, während in Berchtesgaden aber bereits ein Kaufangebot über 5,8 Mill. vorlag, nahm die Gemeinde den Kampf um das Gut auf.

Nun hieß es wieder die Ärmel aufkrempeln in Berchtesgaden. Es mußten von Bürgermeister Zeitler und Dr. Kollmann wieder Reisen nach Breslau unternommen werden, vor allem aber galt es, eine überzeugende Beschwerdeschrift abzufassen. Auf 15 Seiten, sehr geschickt in Aufbau und Argumentation, wies man die Enteignung als in jeder Hinsicht ungerechtfertigt zurück und führte des weiteren aus, daß Berchtesgaden durch den Verlust mehrerer Millionen wichtige soziale Aufgaben (Schulhausbau, Errichtung von Arbeiterwohnungen, eines neuen Armenhauses, einer Kleinkinderbewahranstalt u.a.) nicht erfüllen könne. Und der Wald könne schließlich ja auch nicht für Kleinsiedlungen verwendet werden. Letzten Endes ging auch dieser Streit zur Zufriedenheit Berchtesgadens aus: Man einigte sich auf eine Enteignung von 82 ha Wiesen und Felder mit lebendem und totem Inventar sowie Gebäuden gegen Bezahlung von 550.000 Mark.

Für den Verkauf des übrigen Gutes bediente man sich der Vermittlung der Firma Bredig und Kunze in Glogau. Zahlreiche kauflustige Bewerber besichtigten das Gut und machten ihre Vorschläge, u.a. waren es die Rittergutsbesitzer Waltking, v. Lossov, Schulze. In die engere Wahl wurde Franz Ligera aus Beuthen gezogen, der 5,225.000 M bot, wobei er 2 Mill. sofort, 1 1/2 Mill. am 1. 1. 1922, den Rest von 1,725 Mill. am 1. 7. 22 entrichten wollte. Herr Waltking bot schließlich 5,5 Mill.. Den Zuschlag endlich erhielt Herr Hasselborn mit 5,5 Mill. aber rascherer Zahlung: Er sicherte 3 Mill. sofort zu, den Rest von 2,5 Mill. für den 1. 1. 22.

Grabplatte von Alexander v. Mendelssohn-Bartholdy
im Berchtesgadener Friedhof

Epilog (oder: wie gewonnen, so zerronnen)

Nun also war alles trotz vieler Widerwärtigkeiten zu einem guten, wirklich zufriedenstellenden Ergebnis gelangt: Berchtesgaden war zu einem völlig unerwarteten Geldsegen gekommen und konnte nun als reiche Gemeinde mit vollen Kassen die gesetztenZiele angehen. Das Gut hatte doch unerwartet hohe Einnahmen gebracht: 5,5 Mill. für das Gut, 550.000 M von der Schlesischen Landsiedlungsgesellschaft, 1 Mill. für verkauftes Holz, zusammen nicht weniger als 7.050.000 Mark. Dazu kamen noch die 2 Mill. aus Wertpapieren.

Das war allerdings nur mehr theoretischer Besitz, denn vieles davon war bereits von der Bildfläche verschwunden. An sog. „Wegfertigungen" waren inzwischen bezahlt worden: Der Anteil der Frau Frieda v. Mendelssohn - Bartholdy laut Vergleich, die Auszahlungen an die Geschwister, an die Gemeinde Salzberg, an Frau Marie K. . An Steuern mußten schon abgeführt werden: Nachlaßsteuer 364.611 M, Erbfallsteuer 600.439 M, Reichsnotopfer 390.000 M (Gesamtbetrag Notopfer 1.171.000 M, zahlbar in drei Raten). Dazu kamen: Einkommenssteuer für Frau Mendelssohn 150.000 M, Gerichtskosten100.000 M, Zuwachssteuer mit einigen 100.000 Mark. Dr. Kollmann hielt für alle Fälle 2 Mill. als Reserve zurück für Steuern und Schulden; 2 bis 2 1/2 Mill. standen der Gemeinde noch zur Verfügung. Aber dieser zweijährige Kampf mit Prozessen, Gutachten, Reisen (nach Breslau, Langhermsdorf, Berlin, Frankfurt, München), Maklergebühren, Schätzungen, Spesen Notenbank u.a. hatten viel Geld verschlungen, nämlich Kosten in Höhe von 400.000 M verursacht. Die riesige Erbschaft, ein wahres Geschenk des Himmels bzw. eines unglücklichen Menschen, war also bereits bedeutend zusammengeschmolzen. Was geschah mit dem Rest?

Als die Gemeinde 1936 an Herrn Hasselborn, den seinerzeitigen Käufer des Gutes Langhermsdorf, wegen Aufwertungsforderungen (2800 M) herantrat, mußte dieser bekennen, daß er sein ganzes großes Vermögen durch Niedergang der Landwirtschaft restlos verloren habe. Er selbst sei durch Kriegsverletzung einseitig gelähmt und wisse nicht, wie er seine Familie mit vier Kindern durchbringen solle. Als Mitglied der NSdAP appellierte er sodann, nationalsozialistische Solidarität zu üben. Die gereizte Antwort aus Berchtesgaden erfolgte umgehend: „Wir brauchen keine nationalsozialistischeBelehrung. Der erste und zweite Bürgermeister sind Träger des Goldenen Parteiabzeichens. Die Schenkung fällt in die Jahre 1919 - 22, also in die Inflations- und

Systemzeit...Der Erlös wurde, soweit ihn nicht die Inflation wertlos machte, verwirtschaftet..." Die nun selber verarmte Gemeinde ließ aber schließlich von der Schuld 1600 M nach und erklärte sich für die Tilgung des Restes von 1200 M mit monatlicher Ratenzahlung von 5 M einverstanden.

1936 erreichte die Gemeinde auch ein Brief der Witwe Frieda von Mendelssohn - Bartholdy. Sie beschwor darin ihre Not, die sie an den Rand der Verzweiflung bringe (Vermögen in der Inflation verloren, Betrügern in die Hände gefallen, krank) und bat um Unterstützung. Die Antwort der Gemeinde: „Ich bedauere, Ihrem Gesuch nicht nähertreten zu können, nachdem die Schenkung Mendelssohn durch die Inflation verloren ging."

Das Rathaus in Berchtesgaden
Schranne und Rathausbau

Das Berchtesgadener Rathaus, das 1873-75 erbaut wurde, steht an der Stelle der früheren Schranne. Die Schranne, die Halle zur Aufbewahrung (Lagerung) und zum Verkauf des Getreides, hatte ihren frühesten Platz zwischen Neuhausbogen und hochfürstl. Residenz. Sie sollte von dort verlegt werden, und so suchte man nach einer geeigneten Örtlichkeit, die man schließlich an der Stelle des heutigen Rathauses fand. 1792 wurde hier die neue Schrannenhalle erbaut. In ihr war nicht nur das zum Verkauf vorgesehene Getreide aufbewahrt, auch Marktgerätschaften wie Buden, Bänke, Bretter und Holzböcke wurden in ihr untergestellt. Das war alles leicht brennbares Material. Dieser Hinweis soll nicht von ungefähr erfolgen, denn die Feuergefahr war in früheren Jahrhunderten, in denen es viele Holzbauten gab, besonders groß - und demzufolge auch die Angst davor.

1842, 50 Jahre nach Errichtung der Schranne, geschah es dann auch: In der Nacht vom 29. auf den 30. Oktober entging der Markt nur knapp einer vernichtenden Feu-

Abgebrannte Schranne (1842), dahinter verwilderter Rentamtsgarten, Ledererbogen, in der Mitte Straße von Salzburg, entweder durch den Ledererbogen in den Schloßplatz und den Markt, oder über den Doktorberg nach Bischofswiesen und Reichenhall

ersbrunst. Im Marktarchiv finden wir den folgenden Bericht darüber: „Berchtesgaden am 30. Oktober 1842. In der vergangenen Nacht um 10 3/4 Uhr verkündete der Angstruf der hiesigen Bewohner, sowie Geläute der Glocken ein ausgebrochenes Brandunglück - Ehe noch die geringen Rettungsversuche angewendet werden konnten, stand schon das hiesige Schrannengebäude in Verbindung mit dem Kornmesserhaus und einer Remise in hellen Flammen, und nur die angestrengtesten Leistungen der hiesigen Einwohnerschaft unter Leitung der Herrn Beamten sowie den edelmütigen Bemühungen der schleunigst herbeigeeilten Bewohner Halleins, Dürrnbergs, Schellenbergs und von Reichenhall gelang es nach rastloser 6 stündiger Arbeit, dem wütenden Element Einhalt zu tun und die der Brandstätte nächstgelegene Pfarrkirche, sowie mehrere Häuser, die schrecklich von den Flammen bedroht wurden und keine Hoffnung zu ihrer Erhaltung mehr gaben, von der Verheerung des Feuers zu retten." Tatsächlich war das Feuer bereits auf den Turm der Pfarrkirche übergesprungen, der auflodernde Brand konnte aber noch gelöscht werden. Zum Dank für diese glückliche Errettung der Kirche fand viele Jahre ein feierliches Amt statt.

Es ist im höchsten Grade erstaunlich und bewundernswert, wie die Hilfsmannschaften aus den umliegenden, aber auch weiter entfernt gelegenen Ortschaften in einer Zeit ohne Auto so rasch zu hilfreichen Rettungsaktionen nach Berchtesgaden kommen konnten. Hätten die Berchtesgadener allein ein auf den Ort selbst übergreifendes Flammenmeer verhindern können? Natürlich bedankte sich der Magistrat des Marktes Berchtesgaden gebührend für diese selbstlose Nachbarschaftshilfe und Rettungstat: „Der unterfertigte Gemeinde Vorstand stattet hiermit im Namen der hiesigen Gesamt-Einwohnerschaft den Bewohnern ... für ihre edelmütigen Hilfsanstrengungen bei dem diesseitigen Brandunglück in der Nacht vom 29. auf den 30. ds.Mts seinen wärmsten und innigsten Dank mit der Zusicherung ab, daß nicht nur der Unterzeichnete, sondern alle Einwohner, welche in der gräßlichsten Gefahr, die es geben kann, waren, von der nachbarlichen Freundschaft und Güte tief in ihrem Herzen durchdrungen waren." Dieses Dankschreiben ging gleichlautend an den Magistrat von Reichenhall, von Dürrnberg, an den „Magistrat der kk Provinzial Hauptstadt" Salzburg und an die Gemeindeverwaltung Schellenberg. Eine Dankadresse wurde auch an die Gemeinden Au, Salzberg, Königssee, Schönau, Bischofswiesen und Gern übermittelt.

Das Feuer soll übrigens von Josef Wenig, „einem notorischen Brandstifter", gelegt worden sein. Eine Welle der Angst und Hysterie erfaßte nun Berchtesgaden, überall sah man neue Gefahrenherde. Und tatsächlich drohte Anfangs November 1842 dem Markt abermals ein Brandunglück. In einem Stadel war Feuer ausgebrochen, und flugs wurde „ein verruchter Bösewicht" in der Frohnfeste gefangen gesetzt. Allerdings stellte sich bei Untersuchungen heraus, daß das Feuer nicht böswillig gelegt, sondern durch Unvorsichtigkeit ausgebrochen war.

Die Stützmauer der alten Sraße, die vom Mesnerhaus zum Mundkochhaus verlief, war durch den Brand vollständig ausgebrannt und brüchig geworden, „Es ist zu befürchten, daß bei längerem Zustand die verkalkten Steine sich auflösen und in sich zerfallen, den Nachsturz der Straße bedingen." Die Mauer wurde mit gewaltigen Kalkquadern, die vermutlich vom Kälberstein stammen, einer Zyklopenmauer gleich, 1845 neu errichtet.

Schon bald nach dem schrecklichen Brandunglück begann man sich Gedanken zu machen über einen Neubau, und bereits nach drei Wochen lagen die ersten Pläne vor. Distriktschulinspektor, Dekan Pfarrer Forster trat dabei mit einem besonders weitsichtigen Gedanken hervor: Er sah bei dem Neubau eine Gelegenheit „ein neues Schulhaus auf eine zweckdienliche Weise zu bekommen, wie wahrscheinlich nie mehr, so

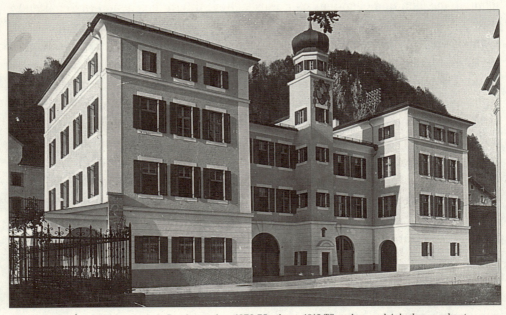

Rathaus der Marktgemeinde Berchtesgaden, 1873-75 erbaut, 1913 Türmchen und Arkaden angebaut

lange Berchtesgaden steht." Er dachte, daß im Erdgeschoß die Schranne ihren Platz finden könnte, im ersten Stock vier Schulzimmer und im zweiten Stock zwei Lehrerwohnungen entstehen könnten. (Erst 30 Jahre später wurde dieser Gedanke verwirklicht.) Erst im Mai 1845, 2 1/2 Jahre nach dem Brand, ging der Schrannenbau seiner Vollendung entgegen. Aber nicht lange sollte er seiner Aufgabe dienen. Die Benutzung und damit die Bedeutung der Schranne hatte in den nachfolgenden Jahren kontinuierlich abgenommen, so daß „ die Schrannentätigkeit Berchtesgadens gleich Null ist." So trat die Schulsprengel-Commission mit ihrer alten Idee wieder auf den Plan. In den Jahren 1873 bis 1875 entstand nun an der Stelle der Schranne das Rathaus samt Schulhaus, das 1913 erneuert und mit Arkaden, Steintreppen und Turm versehen wurde.

Mit den Plänen zum Wiederaufbau der märktischen Schranne 1842 wuchsen auch die Pläne zur Verlegung der Straße aus dem Schloßplatz heraus in das Nonntal. Bisher führte sie in einem Bogen durch das Lederertor und am Mundkochhaus vorbei, also auf der Nordseite der Schranne entlang. Sie sollte nun an der Südseite der Schranne vorbei „und mittels Abbruch vom Spitalmeierstadel beim Dekanatshof" wieder zum Nonntal führen . In einem Bericht vom 24. August 1847 heißt es, daß die neue Straßenstrecke 5025 Gulden kostete. 1864 wurde diese Straße, die einst 1 m tiefer lag, aufgefüllt, 1859 wurde der Ledererbogen abgebrochen.

Das neue Rat- und Schulhaus war zu einem Drittel für den Magistrat gedacht, 2/3 gehörten für den Schulsprengel Berchtesgaden, Bischofswiesen und Salzberg. Diese beiden Gemeinden leisteten für das neue Gebäude insoferne ihren Beitrag, als jede Gemeinde je einen Schulsaal finanzierte. Der ganze Mittelbau vom Parterre bis zum Dachraum und der nordöstliche Flügel mit Ausnahme des dem königl. Ärar gehörigen gewölbten Parterre-Geschosses war für die Schule vorgesehen. Es wurden 7 Klassenzimmer geschaffen, das Dachgeschoß des Nordostflügels wurde für eine Lehrerwohnung ausgebaut, im Südwestflügel für eine Gemeindesekretärs-Wohnung. Im Keller wurden Feuerwehr und Polizei untergebracht und Raum für Requisiten geschaffen.

Infolge Zunahme der Zahl der schulpflichtigen Kinder wurde 1951 der Bau einer Zentralschule beschlossen, die ihren Platz am Bacheifeld fand. Aber dieses Schulhaus reichte wieder nicht aus, so daß weiterhin in der Schule im Rathaus unterrichtet werden mußte. Nachdem schon 1954 die Bacheischule erweitert worden war, erfolgte 1970 bei der Schulreform eine erneute Erweiterung des Schulkomplexes zur Mittelpunktschule. Die Gemeinden Marktschellenberg, Ramsau und Schönau bildeten mit den Gemeinden Berchtesgaden und Bischofswiesen und den 1972 nach Berchtesgaden eingemeindeten Gemeinden Salzberg, Au und Maria Gern den Volksschulverband Berchtesgaden. Die bis dahin bestandenen Bekenntnisschulen wurden aufgelöst, ebenso der Schulbetrieb in der Schule im Rathaus, der bis zu diesem Zeitpunkt noch immer stattgefunden hatte.

1974, in der Folge der Gebietsreform mit der Zunahme der Verwaltungsaufgaben nach der Eingemeindung der Gemeinden Salzberg, Au und Maria Gern, wurde das Rathaus völlig umgebaut und renoviert und den Erfordernissen und Zwecken eines ausschließlichen Rathauses zugeführt. Nachdem nun auch Polizei und Feuerwehr ausgezogen sind, steht das gesamte Rathaus der Verwaltung der Marktgemeinde Berchtesgaden zur Verfügung.

Dieses Rathaus, das nun immerhin schon 125 Jahre steht und eine bemerkenswerte Geschichte aufweist, ist mit seinem zentralen Türmchen und den vorspringenden Flügeln ein ausnehmend schöner, harmonischer Bau.

Besetzung des Rathauses 1933

Das Rathaus mit dem Amtszimmer des Bürgermeisters, dem Versammlungssaal des Magistrats und den Räumen für die Gemeindeverwaltung auf der einen Seite, dem Schultrakt auf der anderen, war nun zum wichtigsten Amtsgebäude des Marktes geworden. Kein Wunder, daß sich 1933 die Nationalsozialisten dieses Rathauses bemächtigen wollten. Zu Beginn des Jahres 1933 war noch das Gemeindeparlament im Amt, das 1929 gewählt worden war. In ihm waren die Nationalsozialisten natürlich noch in der Minderzahl, und auch der Bürgermeister war kein Nationalsozialist, sondern Angehöriger der Bayerischen Volkspartei BVP.

Am 9. März 1933 abends 7 Uhr erschienen im Amtszimmer des noch im Rathaus arbeitenden 1. Bürgermeisters Karl Seiberl die Gemeinderäte B. und S., begleitet von etwa 50 teilweise bewaffneten SA- und SS-Leuten. Gemeinderat B. eröffnete dem Bürgermeister, daß er von der Gauleitung der NSdAP den Befehl erhalten habe, auf dem Rathaus in Berchtesgaden die Hakenkreuzfahne zu hissen, wenn nötig auch unter Anwendung brutaler Gewalt. Auf dem Bezirksamt sei ebenfalls soeben die Fahne gehißt worden. Darauf entgegnete Bürgermeister Seiberl, daß er, um Blutvergießen und gefährliche Weiterungen zu vermeiden, der Gewalt weiche und die Einwiligung gebe, die Fahne auszuhängen, daß er aber die endgültige Entscheidung dem Gemeinderat vorbehalten müsse, den er sofort zu einer außerordentlichen Sitzung einberufen werde.

In der dann um 8 Uhr abends erfolgten Sitzung waren mit Ausnahme des entschuldigten Gemeinderates A. sämtliche Gemeinderäte (16) und die zwei Bürgermeister anwesend. Nach dem Bericht des 1. Bürgermeisters und einer kurzen Beratung, zunächst in vertraulicher, dann öffentlicher Sitzung, wurde einstimmig folgender Entschluß gefaßt: „Unter dem Zwange der Verhältnisse erklärt sich der Gemeinderat damit einverstanden, daß die Hakenkreuzfahne auf dem Rathaus gehißt wird, jedoch unter der Bedingung, daß gleichzeitig auch die weiß-blaue und die schwarz-weiß-rote Fahnen aufgehängt werden." Darauf zogen die SA und SS Männer, die noch immer das Rathaus besetzt hielten, wieder ab.

Das war doch wirklich ein bemerkenswerter Vorgang: Nur unter Androhung „brutaler Gewalt" wurde in Berchtesgaden, fast 1 1/2 Monate nach der Machtergreifung Hitlers, die Hakenkreuzfahne aufgezogen. Als sich am 26. April 1933 bei der Bürger-

Gemeinderat Berchtesgaden von 1930 bis 30. April 1933. Auf dem Bild drei Bürgermeister der Marktgemeinde:
vorne (4.v.li.) Karl Seiberl (1929-1933), rechts dahinter Karl Sandrock (1940-45),
Dr. Stefan Imhof (vorne 4.v.rechts) 1946-1960

meisterwahl die Fraktion der NSdAP im Gemeinderat durchsetzte und den neuen Bürgermeister stellte, legte der Fraktionssprecher das politische Programm dar. Dabei führte er unter anderem aus, „daß wir Beleidigungen unserer Fraktionsmitglieder, wie sie leider schon vorgekommen sind, rücksichtslos verfolgen und die Schuldigen dem Sondergerichte überliefern werden."

„Anwendung brutaler Gewalt", „rücksichtslos verfolgen", „dem Sondergericht überliefern" - das war jetzt die Sprache der neuen Machthaber, auch in Berchtesgaden. Das ist aber auch ein Zeichen dafür, daß es offenbar in Berchtesgaden nötig war, eine solche brutale Sprache der Gewalt zu führen. Im Markt Berchtesgaden war zu dieser Zeit die Bevölkerung noch nicht in ihrer Mehrheit auf der Seite der Nationalsozialisten. Bei den Reichstagswahlen am 5. März 1933 erhielt die NSdAP zwar 45,1 % der Stimmen im Markt, aber dies war nur unbedeutend mehr als im Reichsdurchschnitt mit 43,9 %. Angesichts der Tatsache, daß der neue Reichskanzler und „Führer" hier auf dem Obersalzberg seine „Wahlheimat" gefunden hatte, ist dies eine interessante Feststellung.

Das Marktarchiv

Das Archiv der Marktgemeinde Berchtesgaden gehört nicht zu den großen Archiven, wie sie in den größeren Städten anzutreffen sind, es ist aber doch in seinem Bestand recht respektabel. Es befindet sich nicht - wie oft üblich - irgendwo im Kellergelaß oder in einer Speicherecke, sondern in einem großen, hellen Raum im zweiten Stock des Rathauses. Ein mächtiger Arbeitstisch in der Mitte, ein Schreibtisch am Fenster, Schränke, vor allem Regale, voll mit Aktenbündeln und - schachteln, bilden die Einrichtung. Da aber die Unterbringungsmöglichkeiten für neues Archivgut allmählich zu klein zu werden drohten, wurde dem Archiv ein Nebenraum angegliedert, in dem vor allem Rechnungsbände aus früheren Jahrhunderten, die zum notwendigen, wenn auch nicht oft benötigten Bestand des Archivs gehören, untergebracht sind.

Das Archiv ist in einer übersichtlichen, rationalen Ordnung angelegt. Vorausschikken muß man, daß ein kommunales Archiv die Verwaltungsvorgänge bewahrt und nicht private Familien- und Hausakten. Familienforscher finden also selten Hinweise und Material im Gemeindearchiv, unter Umständen jedoch vielleicht im Standesamt oder Einwohnermeldeamt, am ehesten im Pfarrarchiv. Das Gemeindearchiv ist jedoch die Adresse für viele Anfragen von Seiten der Marktgemeindeverwaltung aber auch vieler Benutzer aus dem In- und Ausland, selbst von Übersee. Von vielen wissenschaftlich Arbeitenden an Universitäten erreichen unser Archiv Bitten um Auskunft und Material, manchmal in einem Umfang, der die Auskunftspflicht des Archivars bei weitem übersteigt und eigene intensive historische Studien und Forschungen nötig machen würde.

Dieses Problem berührt nun schon das Aufgabengebiet eines Archivars. Er ist der wichtige Partner bei verwaltungstechnischen, juristischen und wirtschaftlichen Fragen der Verwaltung. Eine funktionierende Verwaltung ist ohne intaktes und gut geführtes Archiv kaum möglich. Er ist aber auch der Verwalter historischen Materials und die Anlaufstelle bei der historischen Quellensuche. So ist das „verstaubte", vermeintlich leblose Papier das „lebendige Gedächtnis einer Stadt". Geschichtsschreibung ohne Archivbenützung ist nicht denkbar. Unerläßliche Grundlage für Archivarbeit ist daher die übersichtliche Ordnung und leichte Zugänglichkeit des Archivgutes. Und so gehört zu den Aufgabenbereichen des Archivars, das Archivgut zu erfassen, zu übernehmen, auf Dauer zu verwahren und zu sichern, zu erhalten, zu erschließen, nutzbar zu machen und auszuwerten. Welcher Wert der Archivierung und Nutzung dieser Akten amtlicherseits zugelegt wird, zeigt ein am 1. Januar 1990 in Kraft getretenes Archivgesetz. Darin ist, unter anderem, festgelegt, daß die Gemeinden ihre Archiveinrichtungen in eigener Zuständigkeit regeln. Sie erfreuen sich dabei der Unterstützung des Archivpflegers des Landkreises, der ein Mittelsmann zwischen Landkreis und Staatsarchiv ist.

In diesem Gesetz sind aber auch Schutzbestimmungen für personenbezogene Unterlagen aufgenommen, d.h. der Archivar muß bei seiner Arbeit besondere Sorgfalt gegenüber dem Datenschutz walten lassen. So ist Archivgut 30 Jahre nach seiner Entstehung von der Benützung ausgeschlossen. Schriftstücke, die sich auf natürliche Personen beziehen, dürfen erst 10 Jahre nach dem Tod des Betroffenen, bzw. 90 Jahre nach dessen Geburt, verwendet werden.

Kommen wir zu unserem Berchtesgadener Gemeindearchiv. Es ist wesentlich mehr als eine Sammlung alten, verstaubten Papiers, wie oft geringschätzig gesagt wird, um die ein moderner Mensch einen weiten Bogen macht. Es ist „die Zentralstelle zur Erforschung der Ortsgeschichte", oder, wie es auch genannt wird „Hüter und Vermittler von Zeitgeschichte". Daß das Gemeindearchiv Berchtesgaden gerade im Zusammenhang damit viele Anfragen und Bitten um Auskünfte erhält, liegt auf der Hand.

Was gehört alles zum Bestand unseres Archivs? Es bewahrt Rechnungsbände der Verwaltung von Stiftungen, die in früheren Jahrhunderten vom Magistrat geführt wurden. Eine Reihe schöner, alter Urkunden mit Siegeln, z.T. aus dem 16., ja 15. Jahrhundert, sind der größte Schatz. Wichtig sind Beschlüsse des Magistrats, bzw. des Gemeinderats, die in einigen Bänden im Stahlschrank lagern. Mehr als 100 laufende Meter machen die in Bündeln und Schachteln aufbewahrten Schriftsachen aus, die von dem Leben in Berchtesgaden und seiner geschichtlichen Entwicklung Kunde geben. Sie sind nach dem in Bayern gültigen Einheitsaktenplan geordnet, der in 10 Hauptabteilungen gegliedert ist: 0 Verfassung und allgemeine Verwaltung, 1 Rechtspflege, Standesamtswesen, Öffentliche Sicherheit und Ordnung, 2 Schulwesen, 3 Kultur und kirchliche Angelegenheiten, 4 Sozialhilfe, Kriegsopferfürsorge, 5 Gesundheitswesen, 6 Bau-, Wohnungs- und Siedlungswesen, Wasserrecht, 7 Land- und Forstwirtschaft, Jagd, Fischzucht, 8 Gewerbe und Industrie, Geldwesen, Handel und Verkehr, Energiewirtschaft, 9 Finanz- und Steuerverwaltung. In diesen 10 Gruppen sind die zahllosen Stichworte einer lebendigen Verwaltung untergebracht.

In Berchtesgaden wurde schon relativ frühzeitig begonnen, kommunales Aktenmaterial zu sammeln und aufzuheben. Die erste Nachricht darüber ist ein „Repertorium über die sämtlichen Akten bei der Marktgemeinde Verwaltung Berchtesgaden" aus dem Jahr 1867. Aus dem Jahr 1904 stammt ein „Verzeichnis der im Besitz der Gemeinde Berchtesgaden und der öffentlichen Stiftungen daselbst befindlichen Akten, Urkunden usw. älteren Datums". Diese Bemühungen um die Sammlung archivwürdigen Schrifttums waren allerdings noch recht zaghafte Anfänge.

Der Aufbau eines richtigen Archivs begann 1925. Am 15. November dieses Jahres erging folgender Gemeinderats-Beschluß: „ Herr Lehrer Reisberger ist zu ersuchen, die Vorarbeiten für die Anlage eines gemeindlichen Archivs ehrenamtlich zu übernehmen ..." Reisbergers unermüdlichen Fleiß im Dienste der Gemeinde dokumentieren u.a. 80 Aktenbündel, 93 Bücher, 148 Bilder und seltene Stiche und manches andere, das er bis 1931 zusammengetragen hatte. 1947, nach seinem Tod, übernahm Franz Hanser das Amt des ehrenamtlichen Archivars, das er nicht nur mit Fleiß, sondern auch mit großem Sachverstand ausübte. 1954 umfaßte das Archiv 2532 Nummern in den Regalen von 60 m Länge. Heute gehören auch Schriftsachen der Gemeinden Salzberg, Au und Maria Gern, die 1972 mit der Marktgemeinde zusammengeschlossen wurden, ins Archiv. Von der Registratur, die zunächst Schriftgut von den einzelnen Verwaltungsressorts übernimmt, werden laufend Akten an das Archiv weitergegeben. Ein besonderes Problem ist die Aussonderung von Archivgut, denn nicht alles kann bei der mehr und mehr zunehmenden Verwaltungs-Papier-Flut für die Ewigkeit aufgehoben werden.

Zum Archiv gehört eine Bibliothek mit Büchern und Schriften, die Bezug zu Berchtesgaden besitzen. Wenn die Bibliothek auch einen stattlichen Bestand aufweist, so ist in der Vergangenheit doch mancher Fehler aus Sparsamkeit gemacht worden. Als Dr. Fischer (Pseudonym A. Helm) seine Gesamtbibliographie der Gemeinde für den Preis von 2500 M zum Kauf anbot, erwarb die Gemeinde für 500 M nur einzelne Bücher - eine nicht wiederkehrende Chance war vertan. Leider wurde in ähnlicher Weise 1950 verfahren, als der Gemeinde 25 alte Urkunden zum Preis von 500 M angeboten wurden. Der Gemeinderat billigte nur 200 M, und so wurden nur 19 Urkunden geliefert - die ältesten und interessantesten (z.B. ein Erbrechtsbrief von 1385) hielt der Verkäufer, ein Industrieller aus den ostdeutschen Ländern, dessen Betrieb enteignet worden war und der daher verarmt war, zurück - wieder eine Chance nicht genutzt. Zum Archiv gehört auch eine Foto- und Bildersammlung, Sach- und Personendatei wie auch ein Zeitungsarchiv sind im Aufbau, eine Eingabe in den Computer wird vorgenommen. Wenn das einmal alles erfolgt ist, stehen neben dem ausführlichen „Findbuch" noch andere Hilfsmittel zur Verfügung.

Franz Hanser

Franz Hanser war kein gebürtiger Berchtesgadener und gehörte auch zu Lebzeiten nicht zu den „großen" Persönlichkeiten. Trotzdem scheint es ein Gebot der Achtung vor seiner Leistung zu sein, daß er in diesem Kapitel seinen Platz und seine Würdigung findet. Er war am 15.7.1893 in Maisach bei Fürstenfeldbruck als Sohn eines Kleinbauern geboren . Er erlernte das Schusterhandwerk und machte sich dann auf die Wanderschaft, wie es in früheren Zeiten üblich war. Bayern, Österreich und die Schweiz lernte er so, immer wieder in Arbeit stehend, kennen. In dem Wunsch, Neues zu erfahren, zeigte sich schon sein Interesse für Land und Leute. Seine Wanderschaft führte ihn auch nach Berchtesgaden, wo er beim Schuhmachermeister Gaggl in Dienst trat.

Es zog ihn aber nochmal fort nach Adnet, wo er längere Zeit in seinem Beruf arbeitete.

Nach dem ersten Weltkrieg kehrte er nach Berchtesgaden zurück, das es ihm dann doch offenbar sehr angetan hatte. Er legte zwar noch die Meisterprüfung ab, übernahm aber dann in Bartholomä ein Andenkengeschäft, das er mit seiner Frau erfolgreich betrieb. Hanser aber lebte nicht nur für sein Geschäft, er setzte sich auch für die Belange seiner Mitmenschen ein. Er wirkte in leitender Funktion bei der Gemeinnützigen Baugenossenschaft, war Gründungsmitglied des Weihnachtsschützen-Vereins des Marktes Berchtesgaden, war Archivar der Marktgemeinde und Archivpfleger des Landkreises. Vor allem aber machte er sich verdient durch seine lokalhistorischen Forschungen, ohne die unser Wissen um die geschichtliche Vergangenheit unseres

Franz Hanser 1893-1956, verdienstvoller Heimatforscher und Archivar der Marktgemeinde Berchtesgaden

Ortes und Tales nicht den heutigen Stand erreicht hätte. Seine Arbeiten, die alle Ergebnisse sorgfältigen Aktenstudiums waren, zeugen von großer Originalität.

1947, nach dem Tode Reisbergers, übernahm Franz Hanser das Archiv, das er nun nach Vorgaben des bayerischen Hauptstaatsarchivs und nach dem Einheitsaktenplan für die bayerischen Gemeinden aufbaute und überdies auf den aktuellen Stand vergrößerte. Durch seine langjährigen historischen Forschungen und vielseitigen Publikationen, die vor allem in der „Bergheimat", der Beilage des Berchtesgadener Anzeigers, erschienen, war er der prädestinierte Mann für die Leitung des Archivs. Als Kreisarchivpfleger übernahm er auch in übergeordneter Funktion die Verantwortung für die Archivpflege im Landkreis.

Beschäftigen wir uns noch mit seinen Veröffentlichungen. Sie sind so zahlreich, daß sie nur im Überblick und sporadisch genauer behandelt werden können. In über 80 Abhandlungen hat er seine Forschungsergebnisse, seine Erkenntnisse und sein Wissen weitergegeben. Franz Hansers lokalhistorische Arbeiten umfassen ein großes Spektrum und greifen weit in die Berchtesgadener Geschichte zurück. Aus der Stofffülle sollen nur zwei Themen herausgegriffen werden, die allerdings von grundlegender Bedeutung hinsichtlich der baulichen Entstehung des Marktes und der sozialen und wirtschaftlichen Entwicklung der Bevölkerung sind. So ist es zum einen das Zunftwesen, dem sich Hanser widmete. Seine erste Veröffentlichung dazu finden wir in der Bergheimat 1930, und sie beschäftigt sich (natürlich) mit der Schuhmacherzunft, oder wie es früher hieß, mit dem „Ersamben Handtwerch der Schuechmacher in Perchtholdsgaden". Der Artikelbrief entstand unter der Regierung des Wittelsbacher Fürstpropstes Maximilian Heinrich, der auch Kurfürst von Köln war, im Jahre 1657. Es herrschte ein gewisser Zunftzwang, denn die Schuhmachergerechtsame waren an das Anwesen gebunden. Nur durch Kauf eines solchen Hauses oder durch Einheirat durfte dieses Handwerk ausgeübt werden. Die Zunft hatte sich neben gewerblichen auch religiöse und sozialgesellige Ziele gesetzt. Die nächste Arbeit Hansers, noch etwas ausführlicher, behandelte die „Zimmerleut-Zunft", die erst 1777 unter Fürstpropst Franz Anton gegründet wurde. Weitere Aufsätze, die alle auf dem sorgfältigen Studium der noch vorhandenen und auffindbaren Akten und Urkunden fußten, hatten die Metzgerzunft, die Weberzunft, die Handwerksordnungen der Schneider, Schmiede, Wagner, Schlosser und Tischler, der Huf- und Hackenschmiede und der Pfeifenmacher zum Inhalt. Alle diese Aufsätze erschienen in den Jahren 1931-33. In den nächsten Jahren vervollständigte er seine das Handwerk der früheren Jahrhunderte umfassende Gesamtschau durch Untersuchungen über die Schneiderzunft, die Müller und Bäcker, die Schäffel- und Löffelmacher, die Faßbinder und die Schnitzer. Von 1930 bis 1939, in neun Jahren, vollbrachte Hanser dieses Riesenpensum an Forschungsarbeit, das nicht nur Liebe zur Geschichte eines Landes und seiner Menschen erforderte, sondern auch Kenntnisse und Fertigkeiten im Umgang mit altem Aktenmaterial wie auch geübtes Arbeiten in verschiedenen Archiven. Vor allem in den Wintermonaten widmete er sich dieser Tätigkeit, die ihn auch in das Hauptstaats- und Staatsarchiv München, in das Landesarchiv Salzburg und das Pfarrarchiv führte.

Nicht weniger waren diese Fähigkeiten nötig bei der Erforschung der Geschichte vieler alter Häuser im Markt Berchtesgaden. Manche davon existieren nicht mehr oder nicht mehr in ihrem ursprünglichen Aussehen. Modernisierungen, auch in früheren Jahrhunderten, vielfältiger Besitzerwechsel mit jeweils anderen Vorstellungen und Bedürfnissen und Ansprüchen waren die Ursachen für die mannigfaltige Umgestaltung des Marktes. Vielfach reicht die Geschichte dieser Häuser bis ins 16., ja 15. Jahrhundert hinab. Hanser greift bei dem sog. „Felberhaus" auf eine Urkunde aus dem Jahr 1451 zurück, vielfach, wie beim Haus Guttmann (früher „Piberbehausung") und dem Haus Forstner auf das Markturbar von 1596. Auch andere alte Markthäuser, wie das Labermayrhaus (das Hirschenhaus am Marktplatz), das Heiglhaus (früher „Behausung neben dem Pierwirtshaus"), das Grüsserhaus am Marktplatz (im 17. und 18. Jh. „Kranabethvogelsche Behausung"), das Haus Kaserer (in der ältesten Bürgerschaftsrechnung „Khäserer"), das Gasthaus Triembacher (früher „Stöberlhaus beim Paumgarttürl"), das Haus Eichelmann im Nonntal wurden von Hanser erforscht.

Franz Hanser, vielen heute unbekannt, gehörte zu den Stillen im Lande. Sein Wesen war einfach und schlicht, wie bei seinen Schriften war es von Wahrhaftigkeit, aber auch von Hinwendung zu seinen Mitmenschen und zur Gemeinschaft geprägt. Ein Foto zeigt ein freundlich-wohlwollendes Gesicht und durch dicke Brillengläser warm blickende Augen.

Seine Archivarbeit wurde von Arthur von Wurzbach, Ulrich Ziegltrum und Dr. Manfred Feulner fortgesetzt. Das Marktarchiv weist heute eine Sammlung von Archivgut von etwa 150 m Länge auf. Viele Anfragen aus nah und fern werden bearbeitet, auch Hansers lokalhistorische Arbeiten fortgesetzt. So sei den um das Gemeindearchiv bemühten Personen, vor allem aber Franz Hanser, dem unvergessenen Heimatforscher, an dieser Stelle ein Denkmal gesetzt.